Was ist Kommunitarismus?

Reihe Campus
Einführungen
Band 1078

Herausgegeben von
Christian Krüger (Hamburg)
Hans-Martin Lohmann (Heidelberg)
Alfred Paffenholz (Bremen)
Willem van Reijen (Utrecht)
Martin Weinmann (Wiesbaden)

In diesem Band werden die Grundbegriffe der Debatte zwischen Kommunitariern und Verteidigern des Liberalismus in ihrem sozialen und politischen Zusammenhang kritisch dargestellt: das »ungebundene Selbst«, das »atomisierte Individuum«, die Zivilreligion, der sozialdemokratische Aristotelismus, der Republikanismus, Gemeinschaft und Gesellschaft. Diskutiert werden die Positionen von Michael Sandel, Charles Taylor, Alasdair MacIntyre, Robert Bellah, Benjamin Barber, Martha Nussbaum und Michael Walzer. Der Band bietet somit ein kleines Kompendium der gegenwärtigen euro-amerikanischen Theoriediskussion.

Walter Reese-Schäfer, geb. 1951, ist Assistent von Richard Saage am Lehrstuhl für politische Theorie und Ideengeschichte der Martin-Luther-Universität Halle-Wittenberg. Bei Campus veröffentlichte er die Einführungsbände zu Jürgen Habermas und zu Richard Rorty.

Walter Reese-Schäfer

Was ist Kommunitarismus?

Campus Verlag
Frankfurt/New York

Redaktion: Ekkehard Kunze und Martin Weinmann

Die Deutsche Bibliothek – CIP-Einheitsaufnahme

Reese-Schäfer, Walter:
Was ist Kommunitarismus? / Walter Reese-Schäfer. – Frankfurt am Main ; New York : Campus Verlag, 1995
(Reihe Campus ; Bd. 1078 : Einführungen)
ISBN 3-593-35056-4
NE: GT

2. Auflage 1995

Umschlaggestaltung: Atelier Warminski, Büdingen
Satz: Fotosatz L. Huhn, Maintal-Bischofsheim
Druck und Bindung: Friedrich Pustet, Regensburg
Dieses Buch wurde auf chlorfrei gebleichtem Papier gedruckt.
Printed In Germany

Inhalt

1. Einleitung

Eine neue Welle kommunitarischen Denkens hat, ausgehend von Nordamerika, seit den achtziger Jahren zunehmenden Einfluß unter den Intellektuellen, aber auch in der praktischen Politik gewonnen. Wie bei so vielen prägenden Zeitströmungen laufen abstrakte fachwissenschaftliche Diskussionen über das vorherrschende individualistische Menschenbild nebeneinander her mit Veröffentlichungen von publikumswirksamen Bestsellern, und viele kommunitarische Themen sind inzwischen längst, ohne daß ihre Urheber genannt werden, zu einem selbstverständlichen Bestandteil der öffentlichen Diskussion geworden.

Das kommunitarische Denken kann als Versuch definiert werden, die in unseren westlichen Gesellschaften vorherrschenden philosophischen und politischen Konzeptionen einer gründlichen Selbstreflexion und Kritik von innen zu unterziehen. Es geht dabei vor allem um folgendes: Eine Gesellschaft, die sich konsequent auf atomisierte, voneinander isolierte und ihrem Eigeninteresse folgende Individuen stützen will, untergräbt dadurch ihre eigenen Grundlagen. Das liberale Menschenbild hatte anfangs eine befreiende Wirkung gegenüber althergebrachten Ordnungen, die liberale Gesellschaft selbst war aber für ihr Funktionieren immer auch auf Bürgerengagement und Bürgertugenden angewiesen. Dem liegt die Einsicht zugrunde, daß »die radikale Durchsetzung des sozial entpflichteten Individualismus zum Tod der freiheitlichen Demokratie führen« wird (Scheer 1987, 11). Eine Theorie, die dies methodisch vernachlässigt oder ausschließt, trägt zur Korrosion des sozialen Lebens bei. Eine Reflexion darüber, daß soziale Charaktere nur in gesellschaftlichen Zusammenhängen sich ausbilden, könnte eine heilsame Ergänzung des herrschenden Selbstbildes moderner Gesellschaften bilden (Cochran 1989). Zweitens erscheinen den Kommunitarieren die universalistischen Moralbegründungen kantianischer Ethiken zu abstrakt, um genügend starke Bindungswirkungen entfalten zu können. Sie setzen hier stärker auf den Appell an eingelebte Verhaltensweisen und Traditionen – vor allem an Traditionen des Protests und der Reform wie die amerikanische Bürgerrechtsbewegung. Charakteristisch für kommunitarische Argumentationsformen ist der ständige Bezug auf konkrete Fälle und Beispiele.

Das kommunitarische Denken stimmt in seiner Kritik an den Großbürokratien mit konservativen Denkansätzen überein. Da es aber nicht nur die Regierungsbürokratie attackiert, sondern genauso aufmerksam die Gefahren bürokratischer Hierarchien in Wirtschaftsorganisationen beobachtet, gibt es bei vielen Kommunitariern mindestens ebenso starke Sympathien für die Linke (Lasch 1988, 174). Das kommunitarische Denken steht also quer zum klassischen Rechts-links-Gegensatz. Kommunitarische Denkansätze waren nicht ganz unwichtige Elemente in der neuen Linken der sechziger Jahre, die sich bis heute in grünen und ökologischen Traditionen fortsetzen (ebd., 175). Auf der anderen Seite arbeitet der Konservatismus der sich selbst so nennenden »moralischen Mehrheit« in seinem Feldzug gegen Pornographie und Abtreibung ebenfalls mit dem eifernden Appell an gemeinsame Werte, die allerdings in einer säkularisierten Öffentlichkeit immer weniger als verbindlich empfunden werden.

Die kommunitarische Kritik am Liberalismus ist zwar in den USA entstanden, aber doch zugleich ein europäisches

Phänomen, denn bei uns spielen Diskussionen um Bürgerengagement und direktere Bürgerbeteiligung inner- und außerhalb des Parteiensystems, Kritik an zentralisierten Bürokratien und Regionalbewegungen eine zunehmende Rolle. Jede intensivere Beschäftigung mit der politischen Philosophie der Kommunitarier muß sehr schnell über den amerikanischen Kontext, in dem diese Debatte ihren Ursprung hatte, hinausgreifen.

Gegen Ende der achtziger Jahre sind die kommunitarischen Themen und Thesen übergesprungen in den Diskurs der breiten Öffentlichkeit. Der Zeitgeist war nicht mehr zufrieden mit dem Liberalismus der Gier und rücksichtslosen Selbstbereicherung, wie er die Reagan-Jahre bestimmt hatte. Der Präsidentschaftswahlkampf 1992 schließlich war von kommunitarischen Themen wie der Einführung einer öffentlichen Krankenversicherung bestimmt und wurde von Bill Clinton nicht zuletzt auch mit dem Appell an den Gemeinsinn und Bürgersinn gewonnen. Denn es war auch seinen Wählern aus dem Mittelstand klar, daß sie durch seine Regierung mit höheren Abgaben belastet werden würden.

Seit diesem für viele Europäer überraschenden Wahlsieg (die »Realisten« in den Außenministerien hatten alle auf George Bush gesetzt) beginnt man auch hier nach den intellektuellen Zeitströmungen zu fragen, die schon seit einigen Jahren im Hintergrund dieser Entwicklungen wirksam waren. Die neue Aufmerksamkeit für das kommunitarische Denken hat allerdings noch einen zweiten Grund. Dieses Denken ist ja in erster Linie kritisch. Es stellt zentrale Prämissen der herrschenden Vertragstheorien in Zweifel, liefert aber kein eigenes ausgearbeitetes Gesellschaftskonzept. Viele europäische Linke, die nach dem Zusammenbruch des Staatssozialismus auch die letzten marxistischen Glaubensreste verloren haben, erhoffen sich von der kommunitarischen Kritik neue Begründungen und neue Impulse einer nunmehr allerdings reformistischen Gesellschaftskritik. Da das kommunitarische Denken eine lange Tradition hat, bei solchen Dinosauriern der Theorie wie Aristoteles und Hegel anknüpft, scheint es auch vom intellektuellen Niveau her einen adäquaten, ja sogar überlegenen Ersatz für die theoretische Orientierung an Marx zu bieten.

Begriffsgegensätze wie Individualismus und Gemeinschaft, das Rechte versus das Gute passen deshalb nicht in den traditionellen Rechts-links-Gegensatz, weil diese Begriffspaare »sich nicht aus gesellschaftlichen Konflikten herleiten« (Bell 1991, 343). Ein guter Kommunitarier kann in der Ökonomie ein Sozialdemokrat, in der Politik ein Liberaler und in der Kultur ein Konservativer sein, während ein reaktionärer Konservativer etwa einen schrankenlosen Individualismus im wirtschaftlichen Bereich mit dem Willen zur moralischen Vormundschaft in sozialen und kulturellen Angelegenheiten verbinden wird (ebd., 344).

Die Kommunitarier wollen kein wirklich neues politisches Denken. Das würde ihren eigenen sorgfältig interpretierenden und ausdeutenden Verfahrensweisen widersprechen. Statt dessen liefern sie die Anleitung zu einer politisch-philosophischen Rückbesinnung auf die Wirklichkeit des Basiskonsens, der die notwendige Grundlage pluralistischer Gesellschaften bildet. Sie haben »gleichsam eine Problematik, die so alt ist wie die moderne bürgerliche Gesellschaft, eine Problematik, die schon Rousseau, die Frühromantiker, Hegel, Marx und Tocqueville beunruhigte, auf den neuesten Stand gebracht« (Wellmer 1993, 173). Sie treten ein für sozialwissenschaftliche Argumentationsweisen, die mit Urteilskraft, historisch-hermeneutischer Informiertheit, praktischer Klugheit und analogisierenden, Einzelfälle diskutierenden Methoden arbeiten. Dagegen lehnen sie die oft realitätsfernen und inhaltsleeren Deduktionen der akademischen Moralphilosophie ab. Sie erreichen dadurch eine stärkere Realitätsangemessenheit und Aussagekraft ihrer Argumentation, die ihnen auch weiterführende Stellungnahmen zu Fragen etwa der Einwanderungspolitik, der multikulturellen Gesellschaft, der gerechten und ungerechten Kriege etc. ermöglicht (Taylor et al. 1992; Decosse 1991). Sie gewinnen auf diese Weise dem öffentlichen Diskurs wichtige Problematisierungsstrategien und Aussagemöglichkeiten politischer Philosophie zurück, die schon verloren geglaubt waren.

Alle kommunitarischen Argumentationen haben ihre Herkunft in klassischen Themen der politischen Philosophie. Die Diskussionsteilnehmer sind sich dessen als gute Hermeneutiker und Historisten sehr wohl bewußt. Es geht um die Frage des Aristotelismus und Neoaristotelismus, des Unterschieds von antiker und moderner Freiheitsvorstellung, um den Unterschied von negativer und positiver Freiheit, den Gegensatz von Republikanismus und Demokratie, von Gemeinschaft und Gesellschaft, von Patriotismus und Universalismus, es geht um Basisdemokratie und um moderne Formen einer politischen Zivilreligion.

Zum Aufbau des Bandes: Zum Zwecke der Exposition eignet sich am besten eine Darstellung der minutiösen Kritik von Michael Sandel an John Rawls' *Theorie der Gerechtigkeit.* Diese Kritik war der Auftakt der kommunitarischen Diskussion. In ihr kommen die Grundthemen, besonders das Problem des atomisierten Individuums zur Sprache. Da Michael Sandel zu den Kommunitariern gehört, die auch ausgearbeitete politisch-praktische Überlegungen anstellen, wird an Hand seiner Arbeiten eine erste Einordnung dieses Denkens in den Zusammenhang der gegenwärtigen intellektuellen Szene in den USA möglich.

Bei Charles Taylor erschließt sich dann der philosophische Hintergrund dieser Kritik. Alasdair MacIntyre entwickelt dagegen eine melancholisch-reflexive Philosophie, die auf politische Überlegungen fast völlig verzichtet und dadurch auf eine außerordentlich unbestimmte Art zu schillern beginnt. Wenn einer der Kommunitarier zu Recht als politischer Romantiker mit einer gewissen Sehnsucht nach dem Mittelalter bezeichnet werden könnte, dann ist es MacIntyre. Anschließend schien es mir erforderlich, wieder soziologischen Tatsachenboden zu erreichen. Dazu bot sich die auf Umfragen basierende Studie »Gewohnheiten des Herzens« an. Ein kommunitarisch motivierter, basisdemokratischer Aktivismus schließlich liegt bei Benjamin Barber und seinem Walt-Whitman-Center for Culture and Politics of Democracy vor.

Der Bereich der Entwicklungspolitik muß kommunitarisches Denken in besonderem Maße herausfordern. Wie eine aristotelische Konzeption in diesem Bereich aussehen könnte, hat die (klassische) Philologin Martha Nussbaum als Ergebnis ihrer Tätigkeit als UNO-Beraterin dargelegt.

Der wohl wichtigste Kommunitarier ist Michael Walzer. Seine *Sphären der Gerechtigkeit* sind ein praxis- und erfahrungsgesättigter Entwurf, der ohne jede Polemik, einfach durch das Beispiel, die ganze Abstraktheit der entscheidungstheoretischen Überlegungen in Rawls' *Theorie der Gerechtigkeit* deutlich werden läßt. In seinem Buch über gerechte und ungerechte Kriege hat Walzer außerdem eine Konzeption der internationalen Politik vorgelegt, der ich ein eigenes Kapitel widme, um deutlich zu machen, daß auch in diesem Bereich der Verallgemeinerung mit kommunitarischen Argumenten durchaus weiterführende und interessante Ergebnisse zu erzielen sind.

2. Kritik des ungebundenen Selbst: Michael Sandel

Der Begriff »kommunitarisch« bekam in Michael Sandels Buch *Liberalism and the Limits of Justice* (1982) erstmals eine tragende Rolle. Mit diesem Buch hat die systematische kommunitarische Kritik an der liberalen Vorstellung begonnen, daß Gerechtigkeit Fairneß gegenüber den Anspruchsrechten der Individuen sei. Andere Kritiken, wie die von Charles Taylor, sind zwar älteren Datums, haben den Kommunitarismusbegriff aber nicht in dieser schulbildenden Weise verwendet.

Sandel argumentiert gegen John Rawls' Schrift *Eine Theorie der Gerechtigkeit* (1979), die weltweit sehr schnell als ein Hauptwerk der politischen Philosophie unseres Jahrhunderts anerkannt worden war. Rawls hatte mit nachhaltiger Wirkung einen Kerngedanken Immanuel Kants in die angelsächsische Diskussion eingeführt: Eine politische Ethik dürfe nicht ein bestimmtes Konzept des Glücks und des guten Lebens zu ihrem Grundprinzip nehmen, weil solche Konzepte völlig unterschiedlich, zufällig zustande gekommen und nicht intersubjektiv verbindlich begründbar seien. Selbst wenn alle für sich den Wunsch hätten, glücklich zu sein (was in der wirklichen Welt nicht unbedingt zutrifft), wären die Vorstellungen vom Glück doch zu unterschiedlich. Vielmehr komme es darauf an, den Bürgern zu ermöglichen, ihre eigenen Zielvorstellungen zu verfolgen, solange sich dies mit der Freiheit eines jeden verträgt. In Kants

Schrift *Über den Gemeinspruch: Das mag in der Theorie richtig sein, taugt aber nicht für die Praxis* (1793) heißt es: »Niemand kann mich zwingen auf seine Art (wie er sich das Wohlsein anderer Menschen denkt) glücklich zu sein, sondern ein jeder darf seine Glückseligkeit auf dem Wege suchen, welcher ihm selbst gut dünkt, wenn er nur der Freiheit Anderer, einem ähnlichen Zwecke nachzustreben, die mit der Freiheit von jedermann nach einem möglichen allgemeinen Gesetze zusammen bestehen kann (d.i. diesem Rechte des Andern) nicht Abbruch tut.« (Kant 1968, 290) Was jeder einzelne sich unter seinem Glück vorstellen soll, kann nicht dekretiert werden. Zu regeln bleibt allein die möglichst gerechte Koordination der unterschiedlichen Lebenskonzepte.

Das Gerechte soll bei Rawls deshalb einen absoluten Vorrang vor dem guten Leben haben. Kein individuelles Recht darf dem Allgemeinwohl geopfert werden. Dies steht im Gegensatz zu der Maxime des klassischen Utilitarismus: Ziel sei das größte Glück der größten Zahl. Dagegen sagt Rawls: »Die Gerechtigkeit ist die erste Tugend sozialer Institutionen, so wie die Wahrheit in Gedankensystemen.« (Rawls 1979, 19)

Daraus folgt, daß eine Gesellschaft, die das Glück einiger zugunsten des Wohlergehens der Allgemeinheit opfern wollte, ungerecht wäre. Gerechtigkeit ist nicht einfach ein Ziel unter anderen – etwa neben Wohlstand, Glückseligkeit usw. »Sie stellt vielmehr den Rahmen zur Verfügung, der das Spiel der konkurrierenden Werte und Ziele reguliert.« (Sandel 1984b, 21) Bei Kant basiert das moralische Gesetz auf dem Willen des autonomen Subjekts.

In der angelsächsischen Diskussion erscheint dieser Gedanke eines Subjekts, das nicht empirisch sein darf, weil es dann seinen ganz unverbindlichen Wünschen und Stimmungen ausgeliefert wäre, sondern transzendental sein muß, als ziemlich dunkel und wenig nachvollziehbar. John Rawls hat deshalb den Versuch unternommen, »die Struktur der Kantischen Lehre von ihrem Hintergrunde im transzendentalen

Idealismus loszulösen und ihr (...) eine prozedurale Deutung zu geben« (Rawls 1992, 75). »Und so besteht Rawls' Projekt darin, Kants moralische und politische Lehren aufrechtzuerhalten, indem er die germanischen Unklarheiten durch eine gezähmte, dem anglo-amerikanischen Naturell eher entsprechende Metaphysik ersetzt.« (Sandel 1984b, 23 f.)

Rawls versteht seine Gerechtigkeitstheorie als »kantisch« – auch wenn er, wie hier zu sehen, in entscheidenden Punkten Kant überhaupt nicht folgt, insbesondere nicht dessem transzendentalen Idealismus. Rawls selbst hat darauf hingewiesen, daß »kantisch« in seinem Sprachgebrauch »Analogie, nicht Identität« (Rawls 1992, 82) bedeutet.

Um nun die kommunitarische Kritik an Rawls deutlich herauszuarbeiten, ist ein Blick auf einige wichtige Gedanken seiner Lehre notwendig. Er ersetzt Kants Idee vom autonomen Subjekt durch die Konstruktion eines Urzustandes (*original position*), einer vereinfachten Situation, an der wir unsere politischen und moralischen Überlegungen einem Gerechtigkeitstest unterwerfen können. In diesem Urzustand sind im Prinzip alle gleich und treffen sämtliche Entscheidungen hinter einem Schleier des Nichtwissens über mögliche individuelle Besonderheiten, aus denen Vor- oder Nachteile entstehen könnten. D.h., es gibt keine Beschränkung bezüglich des allgemeinen Wissens über Gesetzmäßigkeiten und Theorien. Keiner jedoch weiß, ob er zu den Armen oder Reichen, zu den Privilegierten oder zu den Benachteiligten gehören wird, keiner kennt seine besondere Situation und seine besondere Gruppenzugehörigkeit und kann deshalb bei keiner Entscheidung davon ausgehen, daß er aus ihr einen Vorteil nur für sich oder seine Gruppe ziehen wird. Keiner weiß z.B., wenn es in dieser fiktiven Diskussion um die Rechte von Behinderten geht, ob er nicht vielleicht selbst zu dieser Gruppe gehören wird. Die Prinzipien, die wir in einer solchen Situation vernünftigerweise wählen würden, sind nach Rawls die Prinzipien der Gerechtigkeit.

Das Bild des fiktiven Selbst, das in dieser Situation agiert, ist allerdings ein ganz besonderes Bild. Genau an diesem Punkt setzt die kommunitarische Kritik Michael Sandels ein. Zwar wird nicht vorausgesetzt, welche konkrete Person wir sein werden. Voraussetzung ist aber »ein bestimmtes Bild der Person, der Art, wie wir sein müssen, wenn wir Wesen sind, für die Gerechtigkeit die erste Tugend ist. Dies ist das Bild des ungebundenen Selbst, eines Selbst, das vorrangig und unabhängig gegenüber Absichten und Zielen ist.« (Sandel 1984b, 86) Dieses ungebundene oder freischwebende Selbst (*the unencumbered self*) ist Hauptgegenstand der Kritik. Denn wenn eine derartige Konzeption des Selbst unserem heutigen Selbstverständnis zugrunde liegt, hat das »Konsequenzen für die Art von Gemeinschaft, zu der wir fähig sind« (ebd.). Wir können dann nämlich im Grunde nur freiwillig entstandenen Gemeinschaften beitreten, aber keine weitergehende Verpflichtung für solche Gemeinschaften entwickeln, in die wir hineingeboren sind, wie z.B. die Familie, in gewisser Weise aber auch die Nation. Diesen Punkt betrachtet Michael Sandel durchaus als eine recht ambivalente Angelegenheit. Die Idee des ungebundenen Selbst ist ja zunächst einmal als Befreiung zu verstehen, als Befreiung von den Diktaten der Natur und den Zwängen sozialer Rollen. Man kann sich durch eigene Entscheidung von seiner Familie, seiner Heimat, seinem Land lösen. Dadurch wird das Subjekt erst souverän. Darin liegt die starke philosophische und politische Attraktivität des Autonomiedenkens. Im Lichte solchen Denkens erscheinen alle traditionellen Bindungen als voraufklärerisch. Zweifellos wird diese liberale Vorstellung weitgehend von uns geglaubt und mit gewissen Einschränkungen wohl auch gelebt. Sandel hält sie aber für philosophisch falsch und für politisch gefährlich, weil sie ihre eigenen Grundlagen verkennt und durch diese systematische Verkennung gefährdet.

Das Problem wird deutlich, wenn wir die Gerechtigkeitskonzeption von John Rawls noch etwas genauer betrachten.

Nach seiner Lehre erscheinen im Urzustand zwei Prinzipien als gerecht, die allen weiteren Überlegungen zugrunde liegen. Das erste fordert gleiche Grundrechte für alle, das zweite erlaubt soziale und ökonomische Ungleichheiten nur dann, wenn diese den am wenigsten begünstigten Mitgliedern der Gesellschaft zugute kommen. Rawls' eigene erste und vorläufige Formulierung dieser Prinzipien soll hier kurz zitiert werden.

»1. Jedermann soll gleiches Recht auf das umfangreichste System gleicher Grundfreiheiten haben, das mit dem gleichen System für alle anderen verträglich ist.
2. Soziale und wirtschaftliche Ungleichheiten sind so zu gestalten, daß (a) vernünftigerweise zu erwarten ist, daß sie zu jedermanns Vorteil dienen, und (b) sie mit Positionen und Ämtern verbunden sind, die jedem offen stehen.« (Rawls 1979, 81)

Dieses zweite Prinzip, das sogenannte Differenzprinzip, ist eine besonders interessante Konstruktion. Es geht zwar von einer grundsätzlichen Gleichheit aller aus, läßt Ungleichheiten aber zu, wenn z.B. durch die dadurch entstehende Konkurrenz die Wirtschaftsdynamik gefördert wird und damit letztlich das Wohl aller, auch das der unteren sozialen Schichten. Rawls vermeidet mit diesem Prinzip das Problem einer auf einem bestimmten Niveau stagnierenden Gesellschaft, wie es meist mit radikalen Gleichheitsforderungen verbunden ist. Aber genau an diesem Differenzprinzip macht Michael Sandel seine Kritik nun fest, handelt es sich doch um ein Teilungsprinzip. Das höhere Einkommen der oberen sozialen Schichten ist nur dann gerechtfertigt, wenn auch die unteren einen Vorteil dadurch haben, den sie andernfalls nicht hätten. Im Zweifel müßten die Oberen also bereit sein zu teilen, etwas abzugeben. Damit ergibt sich die Frage, was sie dazu verpflichtet. Warum sollte ein ungebundenes Selbst irgend jemandem zu irgend etwas verpflichtet sein? Warum sollte man mit anderen ungebundenen Individuen einen Vorteil teilen? Offenbar muß die Bereitschaft zu teilen bzw. den Vorteil der anderen in die eigenen Überlegungen mit einzubeziehen, auf mehr beruhen als auf diesem ungebundenen Selbst. Voraussetzung des Teilens ist die Existenz einer verbindlichen Gemeinschaft, innerhalb derer geteilt werden soll.

Das Differenzprinzip geht ja von der Überlegung aus, daß die Einkommensvorteile eines einzelnen, die er z.B. aus Talent, Schönheit oder Intelligenz zieht, nicht eigenes Verdienst, sondern zufällig sind und insofern Allgemeinbesitz: »Da nun Ungleichheiten der Geburt und der natürlichen Gaben unverdient sind, müssen sie irgendwie ausgeglichen werden.« (Ebd., 121) Einen besonderen Nutzen soll der einzelne nur dann daraus ziehen, wenn die Allgemeinheit – und zwar in Gestalt der am wenigsten Bevorzugten – davon ebenfalls einen Nutzen hat, wenn sie z.B. einen besonders begnadeten Fußball- oder Violinspieler bewundern kann. Die Verteilung bestimmter Gaben ist »das Ergebnis der Lotterie der Natur, und das ist unter moralischen Gesichtspunkten willkürlich« (ebd., 94).

Aber dieser Gedanke von der Zufälligkeit der persönlichen Vorzüge, die dadurch zur Disposition einer moralischen Allgemeinheit stehen, ist philosophisch nicht haltbar. Denn so sehr Talent und Intelligenz durch Zufälle der Geburt bedingt sein mögen, die Zugehörigkeit zu einer bestimmten Gemeinschaft, zu einem bestimmten Sozialstaat, innerhalb dessen ja die Teilungsprinzipien gelten, ist es nicht weniger. Es gibt keinen schlüssigen Grund dafür, einen zufälligen Vorteil mit anderen zu teilen oder überhaupt nur Abstriche an einem solchen Vorteil in Kauf zu nehmen, wenn diese anderen nur in einer zufälligen Gemeinschaft mit uns stehen. Lotteriegewinne gelten ja nach allgemeiner Auffassung durchaus als rechtmäßig erworben. Sandel behauptet sogar, daß in diesem Sinne auch die Zugehörigkeit zur ganzen Menschheit in moralischer Sicht zufällig ist (Sandel 1984b, 28). Aber auch wenn man sich nicht auf dieses metaphysische Glatteis begeben will, bleibt die Folgerung, daß aus der Sicht eines wirklich unabhängigen Selbst das Rawlssche Differenzprinzip nicht als gerecht angesehen werden kann. Die Bereitschaft zum Teilen, die Michael Sandel als guter Kommunitarier durchaus befürwortet, bedarf eines anderen, stärkeren moralischen Fundaments, als es die Vorstellung des Liberalismus von unserer Person liefern kann. Es muß zunächst einmal herausgefunden werden, wem gegenüber man eigentlich verpflichtet sein kann, seine Vorteile als Allgemeinbesitz zu betrachten, beziehungsweise welche Gemeinschaft es also ist, die uns selbst von vornherein zu einem solchen Denken und zu einer solchen Praxis verpflichten kann.

Wir stehen damit vor einem Dilemma: Entweder betrachten wir uns in gutem liberalem Sinn als ungebundenes Selbst, dann sind solche Verpflichtungen nicht zu begründen und wir müssen Rawls' zweites Gerechtigkeitsprinzip aufgeben, oder wir betrachten uns als »Mitglieder dieser Familie, Gemeinschaft, Nation oder dieses Volkes, als Träger dieser Geschichte, als Bürger dieser Republik« (ebd., 90). Solche Zugehörigkeiten verpflichten uns nicht wie freiwillig eingegangene Verträge oder wie jene »natürlichen Pflichten«, die man der Menschheit als solcher schuldet. Es handelt sich vielmehr um »die mehr oder weniger dauerhaften Einbindungen und Verpflichtungen, die zusammengenommen zu einem Teil die Person definieren, die ich bin« (ebd.). Wenn wir also das zweite Gerechtigkeitsprinzip aufrechterhalten wollen, dann müssen wir den liberalen Begriff der Person fallenlassen. Sandel wählt diesen Weg, bei dem die linksliberalen Zielvorstellungen erhalten bleiben, die ihnen zugrunde liegende Konzeption aber aufgegeben werden muß. Die Bindungen, von denen Sandel ausgeht, sind nicht bloß solche der freiwilligen Kooperation, sondern sie sind konstitutiv für die eigene Personwerdung und den eigenen Charakter. »Sich eine Person vorzustellen, die solcher konstitutiven Einbindungen unfähig ist, bedeutet nicht, sich einen idealen, frei und rational Handelnden zu denken, sondern sich eine Person ohne jeglichen Charakter, ohne moralische Tiefe vorzustellen. Denn Charakter haben bedeutet zu wissen, daß ich in eine Geschichte einrücke, die ich weder in meiner Verfügungsgewalt habe noch beherrschen kann, die aber dennoch Folgen hat für meine Wahlmöglichkeiten und mein Verhalten.« (Ebd., 90) Zwar ist eine Selbstreflexion der eigenen Geschichte möglich, die auch eine gewisse Distanzierung bietet – aber einen Reflexionspunkt außerhalb der Geschichte kann es nicht geben. Die liberale Ethik allerdings versucht, das Selbst außerhalb der Reichweite seiner Erfahrung, jenseits von Überlegung und Reflexion anzusiedeln. Das Resultat ist ein Hinundhertaumeln zwischen Losgelöstheit und Verwicklung (ebd.).

Nach Sandel ist die liberale Konzeption der Person nicht selbsttragend, sondern verhält sich »parasitisch zu einem Begriff der Gemeinschaft, den sie offiziell verwirft« (ebd., 91). Damit steht sie vor dem Problem, sich auf einen Gemeinschaftssinn stützen zu müssen, den sie »nicht unterstützt und vielleicht gar unterminiert« (ebd.). Hier liegt das zentrale Problem, das fast alle Kommunitarier in gewissen Nuancierungen behandeln. Es ist dadurch so wirkmächtig, daß es direkte politische Auswirkungen hat. Es geht um die politische Grundfrage, auf welche Einheit sich das Gemeinschaftsgefühl und die Verpflichtung beziehen sollen. Bis zum Ende des 19. Jahrhunderts »war, grob gesprochen, die Partei der Demokratie in Amerikas politischer Debatte stets die Partei der Provinzen, der dezentralisierten Macht, des kleinstädtischen und kleinformatigen Amerika« (ebd., 92). Die Demokratie lebte in der regionalen Selbstverwaltung. »Als aber nationale Märkte und Großunternehmen die dezentralisierte Wirtschaftsform ersetzten, waren auch die dezentralisierten politischen Formen der frühen Republik überholt. Um der Demokratie das Überleben sichern zu können, mußte der Konzentration ökonomischer Macht eine vergleichbare Ballung politischer Macht entgegengestellt werden.« (Ebd.) Das bedeutete eine Nationalisierung der Politik: Die primären Bindungen der Staatsbürger mußten von den kleinen und regionalen Gemeinschaften umgestellt werden auf den Gesamtstaat, die Union. Dieses Projekt hatte freilich seine Vorläufer in den Schriften der Verfassungsväter wie Alexander Hamilton und James Madison, und selbstverständlich war Lincolns Kampf für die Erhaltung der Union gegen die Abspaltung der Südstaaten von ähnlichen Voraussetzungen her gedacht. Aber erst im 20. Jahrhundert, mit den großen sozialen und arbeitsmarktpolitischen Anstrengungen Roosevelts, mit dem New Deal, hatte sich die Demokratische Partei wirklich mit der Zentralmacht versöhnt. Wie beim europäischen Nationalismus hatte man anfangs geglaubt, daß eine stärkere, intensivere Form der nationalen Gemeinschaft dann auch durch entsprechende Erziehungspolitik und andere öffentliche Maßnahmen gefördert werden müßte. Im akademischen Diskurs der USA nennt man das die »nationale Republik«, in der Bürgertugenden und Patriotismus eine wichtige Rolle spielen. Dieses Konzept eines gemeinsamen Selbstverständnisses, das in den USA immer auch recht künstliche Züge gehabt hatte, ist nicht nur nach der Einschätzung Michael Sandels seit längerer Zeit überlebt. Die Nation war offenbar zu groß und zu heterogen, um ein wirkliches Gemeinschaftsbewußtsein konstituieren zu können. Ganz im Sinne der liberalen Philosophie wurde das Konzept der gemeinschaftlichen Ziele, des gemeinschaftlichen Guten ersetzt durch eines der fairen Verfahren. Der Staat verstand sich jetzt, wie Sandel thematisiert, als »verfahrensrechtliche Republik« (*Procedural Republic*) (Sandel 1993).

Freiheit wurde in dieser Konstruktion »in Opposition zur Demokratie definiert, als ein Schutz des einzelnen vor den möglichen Ansprüchen der Mehrheit« (ebd., 33). In der traditionellen, meist »republikanisch« genannten Konzeption dagegen war Freiheit das, was man in den gemeinsamen Beratungen und Aktionen der Bürger ausleben konnte – nicht aber gegen sie. Die Macht hat sich bei der nationalstaatlichen Modernisierung und Zentralisierung von den demokratischen Beratungsinstitutionen (also etwa den Parlamenten und Parteien) auf solche Einrichtungen verlagert, die dazu geschaffen sind, dem Basisdruck zu widerstehen (also Gerichte und Bürokratien), um individuelle Anrechte zu verteilen und zu verteidigen (ebd., 34). Gleichzeitig aber verlangt der Wohlfahrtsstaat ein erhebliches gegenseitiges finanzielles Engagement der Bürger. Ein Selbstverständnis, das lediglich auf Rechtsansprüche des einzelnen gestützt ist, vermag dieses hohe Engagement nicht ausreichend zu legitimieren. Daher resultiert nach Sandels Meinung das Gefühl der Machtlosigkeit, des Ausgeliefertseins gegenüber den Großbürokratien, dem »big government«. Zwar wurde das Wahlrecht ausgeweitet, z.B. durch die Vorwahlen, die den Wählern ein Mitentscheidungsrecht bei der Kandidatenauswahl ermöglichten, was bis dahin den Parteifunktionären in ihren rauchgefüllten Hinterzimmern vorbehalten gewesen war, und eine Reihe individueller Rechte wurde durch Gesetze oder Urteile des Supreme Court gestärkt. Das alles hat aber dem Gefühl der Ohnmacht der Bürger nicht wirklich etwas entgegensetzen können. Der Staat erscheint immer mächtiger, bleibt aber seinerseits unfähig, »die heimische Wirtschaft wirkungsvoll zu kontrollieren, den fortdauernden sozialen Mißständen zu begegnen oder Amerikas Willen in der Welt durchzusetzen« (ebd., 31).

Sandels Diagnose: Das ungebundene Selbst der liberalen Theorie scheint Wirklichkeit geworden zu sein – aber es ist »weniger befreit als entmachtet und verfangen in einem Netzwerk von Verpflichtungen und Verwicklungen ohne direkte Willensentscheidung, die dazu noch unvermittelt sind durch gemeinschaftliche Identifikationen oder überindividuelle Selbstdefinitionen, die sie erträglich machen würden« (ebd., 34). Indem er dieses Problem benennt, hofft Sandel zur Auflösung des Dilemmas von individueller Befreiung und daraus resultierender Entmachtung des einzelnen Bürgers beitragen zu können.

Dieses Konzept erscheint auf den ersten Blick als eine

eher akademische Diagnose, obwohl schon auf dieser Ebene die politischen Implikationen offensichtlich sind. Die Kommunitarier sind – vielleicht mit Ausnahme des philosophisch radikalsten unter ihnen, nämlich Alasdair MacIntyre – ausgesprochen politische Theoretiker, und so hat auch Sandel sich nicht gescheut, auf der Basis dieser philosophischen Problemdiagnose ein politisches Konzept zu entwerfen, wie die Demokratische Partei die Präsidentschaftswahlen von 1988 gewinnen könnte. Damals sind diese Empfehlungen nicht befolgt worden. Erst Bill Clinton hat es dann geschafft, die Sehnsucht nach der Gemeinschaft anzusprechen und damit auch gewisse Mobilisierungswirkungen zu erzielen.

Michael Sandels Konzept resultiert aus einer Diagnose der amerikanischen Politik seit Roosevelts New Deal, also seit 1932. Die demokratische Partei hatte in der Debatte über die Regierungsaufgaben in der Marktwirtschaft und über die Staatsverantwortung für die kollektive Bedürfnisvorsorge die Oberhand erhalten und hatte damit – außer in der Phase der Regierung Eisenhower – jede Präsidentschaftswahl bis 1964 gewonnen. Seit den 70er Jahren ist deutlich zu beobachten, daß auf der Rechten wie auf der Linken vor allem solche Kandidaten Stimmen auf sich vereinten, die populistische Protestmomente zu artikulieren verstanden. Sandel verweist darauf, daß 1972 viele Wähler des extrem rechten George Wallace den linken George McGovern als ihre zweite Wahl angaben. Die Wahl Jimmy Carters 1976, aber auch die Ronald Reagans 1980 trugen ebenfalls Züge populistischen Protestes. Selbsterklärte Außenseiter, die in Opposition zur Zentralisierung Präsident werden wollten, entschieden die Wahlen für sich. »Auf unterschiedliche Art haben sowohl Carter als auch Reagan die Ängste angesprochen, auf die New-Deal-Agenda nicht reagierte. Beide nahmen eine wachsende Furcht wahr, daß wir, individuell wie kollektiv, immer weniger Kontrolle über die Mächte haben, die unser Leben bestimmen.« (Sandel 1988, 21)

Der Lebensstandard stieg nicht mehr kontinuierlich, sondern die Reallöhne fielen und eine zeitweise zweistellige Inflation setzte ein. Persönliche Ziele konnten nicht mehr nach den eigenen Vorstellungen gestaltet werden. Der Traum von der Beherrschung des Geschehens war vorbei. Das wurde symbolisiert »durch den Krieg in Vietnam, der nicht zu gewinnen war, durch die Geiselnahme im Iran, die nicht gerächt werden konnte, und den Zusammenbruch der Aktienkurse, den selbst die Experten nicht erklären konnten« (ebd.). Alles wurde dadurch noch schlimmer, daß »der Machtzufluß zu Großorganisationen zusammenfiel mit einem Verfall traditioneller Gemeinschaften. Familien und Nachbarschaften, Groß- und Kleinstädte, religiöse, ethnische und regionale Gemeinschaften wurden erodiert oder angeglichen, wodurch die einzelnen den unpersönlichen Mächten der Wirtschaft und des Staates ohne die moralischen oder politischen Ressourcen der dazwischenstehenden Gemeinschaften ausgesetzt wurden« (ebd.).

Diese Sorgen und Probleme waren es, durch deren Artikulation Ronald Reagan Zustimmung fand, die er aber als Präsident nicht zu lösen vermochte. Die Probleme verschärften sich in einigen Bereichen noch. Sandel vertrat schon 1988 die Meinung, daß die Demokratische Partei nur dann von Reagans Scheitern auf diesen Gebieten profitieren könne, wenn sie an dessen Erfolg lernen würde, wieder die Sprache der Selbstverwaltung und der Gemeinschaft zu sprechen. Er empfahl also, daß die neue öffentliche Philosophie des amerikanischen Liberalismus in dieser Hinsicht bei Reagan in die Lehre gehen sollte. Hier liegt wohl der Hauptgrund dafür, daß die Kommunitarier in Europa zunächst als neue konservative Denkrichtung verstanden wurden, auch wenn sie in ihrer Mehrzahl eher den Demokraten nahestehen und sich wie Michael Walzer und Martha Nussbaum sogar als amerikanische Sozialdemokraten verstehen.

Nach Sandels Einschätzung konnte Reagan die von ihm

rhetorisch hochgehaltenen Werte der Gemeinschaft letztlich nicht wirklich umsetzen, weil seine politische Durchsetzungskraft auf der Koalition zweier konservativer Strömungen beruhte: Die erste ist individualistisch, libertarianisch und in Richtung einer Laissez-faire-Marktwirtschaft orientiert, die andere traditionalistisch, kommunal, religiös und moralisierend. Beide Richtungen konnten auf Dauer nicht zusammengehen.

Die Marktliberalen paßten nur vorübergehend zu der traditionalistisch und religiös ausgerichteten sogenannten moralischen Mehrheit. »Die ersten suchen eine größere Rolle für die Märkte im öffentlichen Leben, die zweiten für die Moral.« (Ebd.) Die Marktliberalen konnten durchaus für die Freigabe von Drogen und Pornographie und oft auch für eine Freiwilligenarmee eintreten, während die traditionalistischen Konservativen zur Verteidigung der Nation selbstverständlich die Wehrpflicht befürworteten und auch weniger Einwendungen gegen den Wohlfahrtsstaat hatten, wenn er nur genügend konservativ geprägt war. Traditionalistische Konservative haben meist Vorbehalte gegen die Ellbogenfreiheit der Marktliberalen. Aber auch der Libertarianismus der Marktwirtschaftler hat einen wesentlichen konservativen Zug: Die Reduktion von Regierungsausgaben (außer für die Rüstung) hilft eher denen, die schon auf der Gewinnerseite im Verteilungskampf stehen.

Die Reagan-Koalition konnte so lange funktionieren, wie die breite Mittelklasse Amerikas sich durch die wohlfahrtsstaatliche Umverteilungsbürokratie der Demokraten in ihrem sozialen Interesse übervorteilt fühlte und solange die Rüstungsanstrengungen ihr gegenüber glaubhaft motiviert werden konnten. Sie war am Ende, als die sozialen Folgen der Reagan-Politik größeren Teilen der Mittelklasse nicht mehr akzeptabel erschienen – und vor allem als Clintons Demokraten wieder eine politisch motivierende Vision anzubieten hatte –, wie 1992 geschehen. Solche Visionen sind nicht allein Fragen der politischen Rhetorik, sondern auch der dahinterstehenden öffentlichen Philosophie. Hier hatten die Demokraten in den 80er Jahren wenig zu bieten. Ihrem Individualismus der Rechtsansprüche (der gegen den Individualismus der Marktkräfte auf der konservativen Seite stand), fehlte die zweite Stimme der Gemeinschaftsorientierung, der Kommunalität, der Selbstregierung, während die Konservativen eine solche zweite Stimme der Gemeinschaftlichkeit und der Moral auf ihre Weise mit den Gefühlsdiskursen der Sektenprediger und Abtreibungsgegner eine Zeitlang zu mobilisieren vermochten.

Hier gilt es, genau zu differenzieren: Von Reagan lernen bedeutet nicht, wie gelegentlich unterstellt wurde, die Übernahme des ohnehin durch eine Reihe von Skandalen bekannter Prediger unglaubwürdig gewordenen religiösen Konservativismus für die Meinungsbildung der Demokratischen Partei. Es bedeutet vielmehr, daß der amerikanische Sozialliberalismus eine neue Begrifflichkeit entwickeln muß, um das Verlangen nach Gemeinschaft, das Mißtrauen gegenüber zu großer zentralisierter Regierungs- und Unternehmensmacht glaubhaft zu artikulieren. Man kann heute die Nation nicht mehr als große Familie und Nachbarschaft beschreiben, wie es in den 60er Jahren Lyndon B. Johnson tat. Mit solchen überholten Phrasen war noch 1984 Walter Mondale in den Präsidentschaftswahlkampf gezogen. Er hatte damals deklamiert: »Laßt uns eine Gemeinschaft sein, eine Familie, wo wir uns umeinander kümmern, zusammengeknüpft vom Band der Liebe.« (Sandel 1988, 22) Diese alten Metaphern sind verbraucht. Das Verlangen nach Gemeinschaft aber, das sie auszudrücken versuchen, ist nicht nur faktisch vorhanden, sondern auch eine notwendige Voraussetzung für die Bereitschaft zum Teilen. Insofern ist das kommunitarische Projekt auch der Versuch, für diese Dinge eine neue zeitgemäße Sprache zu finden.

Der für einen Demokraten durchaus ketzerische Gedanke, man solle von Reagan lernen, trifft allerdings nur einen Teilaspekt. Das kommunitarische Denken, wie es sich in den achtziger Jahren herausgebildet hat, ist nämlich vor allem eine Antwort auf den rücksichtslosen ökonomischen Individualismus der Reagan-Jahre, auf das Streichen von Sozialprogrammen, auf die Ausweitung der Armut, aber auch auf die Brutalität, mit der Fabrikschließungen und der Konkurs beispielsweise der Sparkassen das Alltagsleben vieler Arbeiter und Angestellter unmittelbar und hart trafen.

Die Debatte zwischen den »Liberals« und den »Comunitarians« ist also nicht nur eine philosophische Grundsatzdiskussion, sondern auch eine Auseinandersetzung um die Grundfragen der amerikanischen Innenpolitik seit den 60er Jahren. Wäre sie allein letzteres, dann wäre sie in erster Linie für die Amerikaexperten unter uns interessant. Wäre sie allein philosophisch, dann bedürfte sie kaum politisch-zeitgeschichtlicher, sondern vor allem philosophisch-begrifflicher Erläuterungen. Aber schon bei den Begriffen beginnt sich beides ineinanderzuschlingen, weil der Streit um den Liberalismus Dreh- und Angelpunkt der Kontroverse ist, und dieser Begriff ist, wie hier zu sehen war, in den USA um einige wesentliche Nuancen anders gemeint als bei uns.

Anders als bei uns wird in den USA unter Liberalismus vor allem ein reformorientierter Sozialliberalismus verstanden. Als Erben des New Deal sind Liberale für mehr Staatsausgaben zur Ankurbelung der Wirtschaft und für die Ausweitung der Sozialausgaben. Im Geiste der Bürgerrechtsbewegung der 60er Jahre traten sie für die Gleichstellung der Schwarzen ein und waren meist gegen den Vietnamkrieg. Ihre Forderungen richten sie in erster Linie an den Wohlfahrtsstaat. Ihr theoretisches Grundbuch ist John Rawls' Schrift »Eine Theorie der Gerechtigkeit« aus dem Jahre 1971, und die Partei dieser Richtung sind seit Ende des 19. Jahrhunderts die Demokraten, jedenfalls in den Nordstaaten.

Die andere große Strömung liberalen Denkens, der individualistische Marktliberalismus, der die wohlfahrtsstaatliche Bürokratie verabscheut und glaubt, daß möglichst viele staatliche Aufgaben bis hin zu Polizei und sogar Militär durch Privatunternehmer effizienter erledigt werden können, hat in den USA selbstverständlich immer als mächtige, öffentliche und akademische Denkströmung existiert, wird dort aber zumeist als »libertarian« bezeichnet. Dieses Denken steht seit den 30er Jahren der Republikanischen Partei nahe, in der sich die Kräfte zusammenfanden, die größeren Regierungsinterventionen in der Wirtschafts- und Sozialpolitik eher ablehnend gegenüberstanden. Mit Milton Friedman und der Chicago-Schule der Wirtschaftswissenschaftler hat es Reagans Politik vor allem in den ersten Jahren nachhaltig bestimmt. Trotz der großen öffentlichen Aufmerksamkeit, die dieser Laissez-faire- oder Marktliberalismus gefunden hat, wird dafür meist noch die Bezeichnung »libertär« oder »libertarianisch« verwendet. Zur besseren Unterscheidung werde ich ihn in diesem Band an den meisten Stellen auch in diesem Sinne verwenden und den Sozialliberalen die Bezeichnung »liberals« vorbehalten.

Sandels Konzept einer Remoralisierung des politischen Diskurses hat sich also als durchaus praktikabel und erfolgreich erwiesen. Seine Sorge allerdings, die verfahrensrechtliche Republik trage die Tendenz zu ihrer Auflösung ständig in sich, vermag nicht recht einzuleuchten, denn tatsächlich haben sich die konsequent verfahrensrechtlich organisierten Gesellschaften als die stabilsten herausgestellt.

3. Kritik des atomistischen Individuums: Charles Taylor

3.1 Atomismus und Gemeinschaft

An Charles Taylors Denken wird deutlich, daß die kommunitarischen Positionen eine große Tradition und nichts Modisches haben. Unter den Kommunitariern ist Taylor neben Alasdair MacIntyre derjenige, der philosophisch am grundsätzlichsten argumentiert. Er lehnt die neuzeitliche Vertragstheorie ab, weil sie von einem atomistischen Menschenbild ausgeht, wonach der Mensch seine Ziele allein, auf sich gestellt und losgelöst von sozialen Bindungen erreichen könne und nur als einzelner gegen die Allgemeinheit Rechte habe. Dagegen setzt Taylor, was er »eine soziale Konzeption des Menschen« nennt. Ein singuläres Leben außerhalb der Gesellschaft ist nicht möglich. Jeder bedarf der Gemeinschaft mit anderen – auch und gerade, um seine egoistischen Ziele zu erreichen. Taylor behauptet, »daß der Mensch außerhalb einer Sprachgemeinschaft und einer gemeinsamen Auseinandersetzung über Gut und Böse, gerecht und ungerecht nicht einmal ein moralisches Subjekt« sein kann (Taylor 1988, 150). Ohne die soziale Gemeinschaft hätte der einzelne keine Möglichkeit, eigenständig zu handeln und seine Ziele zu verfolgen. Selbst unser moderner Individualismus hat bestimmte gesellschaftliche Bedingungen und Voraussetzungen. Das individualistische Denken neigt jedoch dazu, sich über diese Bedingungen systematisch zu täuschen, sie zu übersehen und zu verdrängen. Dadurch entsteht die Gefahr, daß die atomistische Doktrin, die heute in den meisten westlichen Gesellschaften schon zum »common sense« gehört, ihre eigenen sozialen Voraussetzungen gefährdet und untergräbt.

Taylor unternimmt also einen klassischen philosophischen Zug: Er befragt die im Alltagsbewußtsein und in der liberalen Theorie vorherrschende Doktrin nach ihren Voraussetzungen und versucht diese hinreichend systematisch zu beschreiben. Er hält es für einen Irrtum, einfach zu postulieren, der einzelne habe bestimmte Rechte und diesen gebühre auf jeden Fall der Vorrang gegenüber den Ansprüchen der Gemeinschaft. Nicht einmal die menschliche Würde kann es außerhalb und unabhängig von der Gesellschaft geben, sondern nur in Einbindungen, die gegenseitige Anerkennung ermöglichen. Einer für sich allein hat, wie Taylor meint, zunächst einmal keinerlei Rechte, denn von Rechten und Rechtsansprüchen zu reden, setzt ja einen sozialen Zusammenhang voraus, der diese überhaupt erst ermöglicht. Das ist Taylors »soziale These« der Rechte. Diese Rechte gelten nicht bedingungslos, sondern haben als Voraussetzung eine »Verpflichtung, dazuzugehören« (Taylor 1985b, 198: »the obligation to belong«). Diese Verpflichtung ist genauso fundamental, wie es die Rechte sind, weil sie von ihnen nicht zu trennen ist.

Der Vorwurf des »Atomismus« richtet sich gegen die Vertragstheorie von Thomas Hobbes und John Locke, die in der Tat die Menschen wie einander abstoßende Gasmoleküle modelliert hat. Die bekannteste neuere Version derartigen Denkens ist 1974 von Robert Nozick in »Anarchy, State, and Utopia« vorgelegt worden. Dieses Buch gilt bis heute als eines der wichtigsten und am konsequentesten durchformulierten Dokumente dessen, was in Amerika »Libertarianismus« genannt wird. Mit seinem Plädoyer für einen Minimalstaat, der keinerlei soziale Umverteilung praktiziert, sondern lediglich das Eigentum gegen Gewalt, Diebstahl und

Betrug schützen und im übrigen auf die Einhaltung von Verträgen achten soll, hat Nozick eine in vielen Zügen fast anarchistische Variante des marktliberalen Denkens vorgelegt. In den achtziger Jahren hat er seine Ansichten übrigens gründlich geändert und eine Moralphilosophie des guten und glücklichen Lebens vorgelegt, die sich von seinem frühen Radikalliberalismus weit entfernt hat (Nozick 1991).

Nozicks Denken der 70er Jahre ist für Taylor das Beispiel des Atomismus schlechthin. Nozicks Ausgangspunkt (und der vielzitierte erste Satz seines Buches) lautet: »Individuen haben Rechte.« (Nozick 1974, IX) Diesen Rechten gebührt der Vorrang vor allen Verpflichtungen. Das hat auf den ersten Blick eine gewisse Plausibilität, weil an ein heute für selbstverständlich gehaltenes Denken appelliert wird. Das politische Alltagsdenken hört hier deshalb schon auf zu fragen. In einer philosophischen Perspektive kann diese scheinbare Plausibilität aber nicht hingenommen werden.

Um zunächst einmal Raum für seine Gegenargumente zu schaffen und um diese auch mit einer wenigstens rhetorischen Plausibilität vorzutragen, damit sie überhaupt angehört werden, führt Charles Taylor als erstes ein historisches Argument ein. In früheren Phasen der westlichen Zivilisation, ganz zu schweigen von anderen Kulturkreisen, hätte eine Argumentation, die die Rechte des einzelnen allem voranstellt, als hochgradig exzentrisch gegolten – mindestens so exzentrisch wie einer, der heute behaupten würde, die englische Königin herrsche von Gottes Gnaden (Taylor 1985b, 189). Die klassische politische Theorie, etwa die von Aristoteles, begriff den Menschen als gesellschaftliches Lebewesen – weil er allein nicht zurechtkommen kann, weil er kein selbständiges und selbstgenügsames Lebewesen ist. Erst seit Hobbes geht man vom genauen Gegenteil aus, was uns heute als so selbstverständlich erscheint, daß wir kaum noch nachfragen. Dabei ist es doch seltsam, »daß die Menschen in einer Gesellschaft, in der die gegenseitige Abhängigkeit so groß ist wie in keiner anderen und in der wir weiter als je zuvor von den ursprünglichen menschlichen Verhältnissen selbständiger Stämme entfernt sind, weiterhin in derartigen atomistischen Begriffen denken« (Taylor 1988, 168). Die dichte arbeitsteilige Verflochtenheit unserer Gesellschaft widerlegt ihre atomistische Selbstbeschreibung.

Ein weiteres wichtiges Argument kommt hinzu. Eine philosophische Position, die allein vom Primat der individuellen Rechte ausgeht, würde auf eine Paradoxie hinauslaufen. Denn wenn wir völlig ohne Einschränkung auf unserem Recht gegenüber der Gesellschaft bestehen, kann dies im Extremfall zu ihrer Gefährdung oder Zerstörung führen. Damit würden wir aber die Möglichkeit verlieren, überhaupt Rechte zu haben, und wir würden anderen, unseren Mitmenschen und Nachkommen das Recht, Rechte zu haben, nehmen. Das wäre ungefähr so paradox, wie wenn man jemandem anbieten würde, ihn im Tiefkühlschrank zu verstecken, um ihn dadurch vor denen zu retten, die seine Freiheit bedrohen (Taylor 1985b, 199).

Im Konfliktfalle müßten wir mindestens zugeben, daß wir zwischen dem Beharren auf unseren Rechten und der Erkenntnis, daß dazu die Gesellschaft notwendigerweise erhalten werden muß, hin und her gerissen sind. Wenn wir es auch für gerechtfertigt halten können, auf unserem Recht zu bestehen, dann ist es noch lange nicht gerechtfertigt, die Voraussetzungen dazu zu unterminieren (ebd., 198).

Deshalb vertritt Taylor seine »soziale These«, nach der das Recht auf Rechte und die Verpflichtung gegenüber der Gemeinschaft gleichrangig sind. Eine Identität als freies und autonomes Individuum ist also nur erreichbar in einem bestimmten sehr voraussetzungsreichen Kulturtypus. Die hierzu nötigen gesellschaftlichen und kulturellen Institutionen entstehen aber nicht zu jeder Zeit und von alleine. Sie müssen geschaffen, erhalten und stabilisiert werden. Das geht nur dann, wenn sie von der Gesellschaft unterstützt und allgemein als wichtig und unverzichtbar anerkannt werden. Zu solchen Entfaltungsbedingungen freier und autonomer Individuen gehören nach Taylor »Museen, Symphonieorchester, Universitäten, Laboratorien, politische Parteien, Gerichtshöfe, Parlamente, Zeitungen, Verlage, Fernsehstationen usw.« (Ebd., 205) Und diesen höheren Aktivitäten liegen Elemente der Infrastruktur zugrunde: Gebäude, Eisenbahnen, Klärwerke, Kraftwerke, usw. Taylor argumentiert also, daß das freie Individuum des Westens das, was es ist, nur sein kann auf der Basis der gesamten Gesellschaft und Zivilisation, die es hervorgebracht hat und erhält. Diese Bedingung ist aber nicht nur als einmalige Vor- und Entstehungsgeschichte dieses Individuums zu denken, sondern als eine permanente und ständig zu reproduzierende Voraussetzung. Daraus folgt die oben erwähnte »Verpflichtung, dazuzugehören« (ebd., 206) für all jene, die das Recht auf Freiheit und Individualität für sich reklamieren wollen.

Ist damit auch die Notwendigkeit einer politischen Autorität bewiesen, wie wir sie kennen? Robert Nozick und wohl auch andere Libertarianer sympathisieren eher mit anarchistischen Positionen. Rein theoretisch sind diese von der »Verpflichtung, dazuzugehören« nicht ausgeschlossen, aber es wäre wohl ein extremer Glücksfall, könnten all die komplexen zivilisatorischen Voraussetzungen des autonomen Individuums in einer anarchistischen Gesellschaft garantiert werden. Darauf kommt es aber an. Denn die Bindung, die wir anerkennen, wenn wir den Wert *dieser* Freiheit, wie wir sie haben, im Auge haben, ist eine Bindung an eben *diese* Zivilisation. Wenn diese unter anarchistischen Voraussetzungen existieren könnte, wäre das gewiß ein Glücksfall. Aber wenn ihre Vorzüge nur gewährt werden können unter irgendeiner Form von repräsentativer Regierung, dann wäre das die politische Form, der die Verpflichtung zu gelten hätte. »Der entscheidende Punkt ist: Da das freie Individuum seine Identität allein in einer Gesellschaft und Kultur einer bestimmten Art aufrechterhalten kann, muß es sich kümmern um die Gestalt dieser Gesellschaft und Kultur als

Ganze.« (Ebd., 207) Sie ist, anders als Nozick das glaubte, nicht dauerhaft aufrechtzuerhalten, wenn alle sich ausschließlich für ihre individuellen Wahlmöglichkeiten interessieren. Taylor vertritt die für Radikalliberale schockierende Position, daß auch die moralische Atmosphäre der gesamten Gesellschaft hier berücksichtigt und mitgestaltet werden muß, denn Freiheit und individuelle Vielfalt können nur in einer Gesellschaft bestehen, wo ihr Wert allgemein anerkannt wird.

Wenn die Verwirklichung unserer Freiheit zum Teil auch von der Gesellschaft abhängt, in der wir leben, dann können wir eine vollständigere Freiheit praktizieren, indem wir uns an der Mitgestaltung unserer Gesellschaft und Kultur beteiligen. Das aber gelingt nur durch die politischen Instrumente gemeinsamer Entscheidungsfindung, so daß auch die politischen Institutionen, in denen wir leben, als Teil unserer Identität als freie Wesen angesehen werden können. Mit diesem Argument steht Taylor der aristotelischen Position sehr nahe, wonach die Zugehörigkeit zur griechischen Polis Bedingung und Inhalt der Freiheit ist.

Es geht also um das Menschenbild: Ist das Subjekt ein soziales Wesen oder ein singuläres Atom? Kann es autark und selbstgenügsam außerhalb der politischen Gesellschaft leben oder nicht? Es handelt sich um eine sehr tiefgehende Grundsatzfrage: Es geht um das Wesen der Freiheit und darum, was menschliche Identität sein soll. Deshalb ist es für Taylor nicht weiter verwunderlich, daß die Kontrahenten in dieser Debatte dazu neigen, aneinander vorbeizureden. Für einen konsequenten liberalen Atomisten ist die Rede von der menschlichen Identität und deren Bedingungen abstrus und spekulativ. Ein solcher Theoretiker würde lieber von unseren allgemein geteilten klaren und deutlichen Intuitionen über das, was Menschenrechte sein sollen, ausgehen und von nichts sonst. Dem Common sense, wie er sich seit dem 17. Jahrhundert entwickelt hat, ist dieses Denken gewiß näher als die Gegenposition. Aber es erscheint nicht mehr als so selbstverständlich wie zur Zeit des Siegeszugs solcher Ideen.

Die Nichtatomisten halten dieses Denken für blind, für eine Selbsttäuschung, die ausblendet, daß das freie Individuum als Träger von Rechten diese Identität nur dank einer entwickelten liberalen Gesellschaft haben kann. Sie glauben ihrerseits, es sei absurd, das Subjekt in einen Naturzustand hineinzuversetzen, wo es diese Identität gar nicht haben kann und deshalb auch nicht durch einen Vertrag eine Gesellschaft schaffen kann, die diese respektiert. Durch Reflexion auf die Voraussetzungen bekommt das nichtatomistische Denken die Bedingungen in den Blick, die »immer schon«, wie die Hermeneutiker sagen, die Verpflichtung in sich tragen, die Gesellschaft auszubauen, auszubessern oder zu erhalten, in der eine solche Identität möglich ist. Sobald das hermeneutische Nachfragen einmal begonnen hat, verschwindet der Schein von Plausibilität, der den Atomismus umgeben hatte (vgl. ebd., 209 f.).

Das Argument besticht, denn es besagt nicht nur, daß der liberale Individualismus in betimmten Zusammenhängen historisch entstanden ist (was ohnehin bekannt war), sondern es enthält auch die Aussage, daß er zu jedem Zeitpunkt angewiesen ist auf seine Voraussetzungen und bei ihrem Verlust wahrscheinlich nicht mehr existenzfähig sein wird. Taylor fragt deshalb zu Recht: »Wieviel Gemeinschaft braucht die Demokratie?«

Um diese Frage zu beantworten, stellt er idealtypisch drei politische Theoriekonzeptionen nebeneinander: zwei seiner Ansicht nach unzutreffende, die aber wichtige Teilaspekte beleuchten, und eine zutreffende. Die erste unzutreffende Konzeption ist die ökonomische Theorie der Demokratie, wie sie von Joseph Schumpeter vertreten wurde und deren Grundgedanken bis zu Hobbes und Locke zurückreichen. Nach dieser Lehre ist die politische Form der Gesellschaft nur ein Instrument für die Individuen, ihre Ziele und Zwecke zu verfolgen. Grundsätzlich wird vom Eigeninteresse des Individuums her gedacht, und alle Gruppenziele oder gesellschaftlichen Ziele lassen sich im Prinzip aus der Akkumulation von Einzelinteressen errechnen. Eine aktive Bürgerbeteiligung erscheint in einer solchen Konzeption eher als störend, so daß für die aktive teilnehmende Mitarbeit des »Staatsbürgers« recht wenig Raum bleibt. Sie wäre sogar problematisch, weil die Entscheidungen eher den fachkompetenten und professionellen Politikern überlassen werden sollten. Der Fehler dieser Theorie liegt darin, daß jede freie Regierungsform »einer starken Identifikation von Seiten ihrer Bürger bedarf – etwas, das Montesquieu *vertu* nannte. Die Bürger müssen die Pflichten auf sich nehmen – manchmal sogar unter persönlichen Opfern –, die die Pflege ihres Gemeinwesens mit sich bringt, und es gegen seine Feinde verteidigen. Sie müssen Steuern zahlen, sich an die Gesetze halten und sich engagieren, wenn ihre Gemeinschaft von innen oder von außen bedroht ist.« (Taylor 1992/93, 9) Unter Zwang wäre das nicht möglich, weil es dann eben keine freie Gemeinschaft wäre. Sie müssen es also selbst wollen. »Das setzt aber voraus, daß die Bürger einen starken Sinn für die Zugehörigkeit zu ihrem Gemeinwesen haben, ja, daß sie im äußersten Fall dazu bereit sind, für es zu sterben. Kurz, sie müssen etwas besitzen, das man bis ins 18. Jahrhundert hinein ›Patriotismus‹ nannte.« (Ebd.) Genau diese, durchaus ein wenig irrationale, aber nichtsdestoweniger für ein freies Gemeinwesen funktional unverzichtbare Tugend kommt in der ökonomischen Theorie der Demokratie nicht vor. Wenn die Menschen wirklich so wären, wie diese Theorie sie zeichnet, dann besäßen sie keinen Patriotismus, keine *vertu*, sondern würden versuchen, bei jeder Gelegenheit das System zu hintergehen und zu betrügen. Wir wissen inzwischen, daß Gemeinwesen, in denen dieses Verhalten üblich ist, dadurch erhebliche Nachteile für sich und sogar auch Effizienzeinbußen hinnehmen müssen. Wenn jeder ständig auf der Hut sein muß, um nicht betrogen zu werden, verbraucht er entsprechend mehr Zeit mit Kontrolltätigkeiten, die in produktiver Hinsicht nicht lohnend sind. Vor allem aber: Ohne einen gewissen Vertrauensvorschuß würden viele Transaktionen gar nicht erst zustande kommen. Die tatsächlich zu beobachtende Entfremdung vieler Bürger vom Gemeinwesen ist für Taylor lediglich eine parasitäre Erscheinung: Sie ist nur deshalb möglich, weil die meisten sich eben doch sehr weitgehend mit der Gesellschaft und ihren Gesetzen identifizieren.

Die zweite Theoriekonzeption ist das genaue Gegenteil des ökonomischen Individualismus, nämlich jenes Denken, das sich von Rousseau, zumindest einer bestimmten Interpretation Rousseaus herleitet. Diese Theorie konzentriert sich auf das, was die ökonomische Konzeption vernachlässigt, nämlich »den Anspruch der Bürger, sich selbst zu regieren, und die damit verbundene Würde« (ebd., 10). Die Selbstregierung kann nach Rousseaus »Contrat Social« als Wille aufgefaßt werden: Das freie Individuum gehorcht nur seinem eigenen Willen. Eine Gesellschaft folgt dementsprechend ihrem Willen, der aber ein Gemeinwillen, eine »volonté générale« sein muß, weil sonst der Wille des einen Individuums den des anderen unterdrücken würde. »Niemand beruft sich heute unmittelbar auf Rousseau, aber seine Idee des Gemeinwillens inspirierte eine ganze Reihe von Demokratieauffassungen, die bis in unsere Zeit lebendig geblieben sind. Wir finden sie z.B. in den Forderungen nach radikaler Partizipation wieder, wie sie die Protestbewegungen der späten sechziger Jahre erhoben. (...) Der geschichtsmächtigste Erbe der politischen Ideen Rousseaus aber war der Marxismus, besonders seine leninistische Variante.« (Ebd.) Der Gemeinwille, der sich in der Tat hier radikal von den Einzelwillen unterschied, wurde von der leninistischen Partei als der Avantgarde des Proletariats verkörpert. Die »volonté générale« lebte also in unserem Jahrhundert weiter in der Gestalt terroristischer Unterdrückungsregime. Das war gewiß nicht das, was Rousseau sich unter dem Gemeinwillen vorgestellt hatte – es war aber eine konsequente und radikalisierte Umsetzung der Grundüberlegung, daß das Gemeinsame etwas anderes und mehr sein muß als die bloße Addition der Einzelwillen, die »volonté de tous«.

»Wie die ökonomische Theorie trifft auch die des Gemeinwillens eine wirkliche Erfahrung.« (Ebd., 11) Bei der ökonomischen Theorie der Demokratie war es die Erfahrung des vereinzelt kalkulierenden Interessenvertreters, als der jeder von uns in gewissen Situationen seines Lebens in Erscheinung tritt. Beim Rousseauschen Gemeinwillen ist es »die Erfahrung von Menschen, denen es gelingt, gegen ein Klima der Entfremdung oder gar Repression eine Bewegung zu mobilisieren, mittels derer sie ihre Interessen in Angelegenheiten einbringen können, die sie selbst betreffen« (ebd.). Leute, die sich in bestimmten Situationen gemeinsam empören oder engagieren, erleben ein starkes Gemeinschaftsgefühl. Solche Demokratieerfahrungen spielen eine Rolle vor allem in herausgehobenen Situationen des Sich-Einsetzens, des Kämpfens für bestimmte überindividuelle Ziele. Jedoch: »Die Momente, da eine ganze Gesellschaft die Euphorie eines gemeinsamen Willens teilt, sind selten, und oft genug sind es gerade die tragischen Augenblicke in ihrer Geschichte.« (Ebd.) Und der Demokrat kann dies nur mit allergrößtem Mißtrauen betrachten, was hinsichtlich der inneren Struktur vieler aktivistischer Bürgerbewegungen oft genug bestätigt wird. Denn »Differenzen, Konkurrenz und Streit« werden in solchen Situationen schnell als illegitim angesehen. »Da sie aber nur durch Repression abgeschafft werden können, sind alle Regime, die auf diesem Modell beruhen, Despotien.« (Ebd., 12) Das ist übrigens auch der Grund, warum politische Organisationen, die einen starken Bewegungscharakter haben, nach der ersten Euphorie des Engagements so vielen Teilnehmern als sehr undemokratisch erscheinen.

Die beiden eben skizzierten Modelle enthalten also durchaus zutreffende Aspekte. Das ist auch der Grund, warum sie trotz ihrer offenkundigen Schwierigkeiten bis heute immer noch als Grundmuster der politisch-philosophischen Analyse gelten können. Das dritte Modell, das nach Taylor dem Wesen einer lebendigen demokratischen Gesellschaft am ehesten angemessen ist und das seiner eigenen Denkweise am besten entspricht, ist der liberale Republikanismus von Alexis de Tocqueville und Hannah Arendt. Dieses Modell »räumt Konkurrenz und Streit den Platz ein, der ihnen in einer freien Gesellschaft gebührt; darin unterscheidet es sich von der Theorie des Gemeinwillens. Dennoch geht dieses dritte Modell davon aus, daß es für die Mitglieder der Gesellschaft einen zentralen, einheitstiftenden Identifikationspol gibt; darin entfernt es sich von der ökonomischen Theorie.« (Ebd.) Daher können von hier aus am ehesten die Bedingungen, die ein demokratisches Gemeinwesen ermöglichen, auf angemessene Weise beschrieben werden.

Taylor nennt vier Bedingungen: Ein Solidaritätsgefühl gegenüber dem Gemeinwesen, die Möglichkeit zur Partizipation an Entscheidungen, den Sinn für gegenseitigen Respekt und eine funktionierende Wirtschaftsordnung.

Das Solidaritätsgefühl entspricht einer wichtigen Bedeutung des Wortes »Patriotismus«, auch wenn sich die Bedeutung dieses Wortes heute zumindest im Englischen, Französischen und Deutschen in Richtung auf »Nationalismus« verschoben hat (Taylor 1992/93, 14). Die Nähe dieser beiden Begriffe ist darauf zurückzuführen, daß die politische Grundeinheit heute meist die Nation ist und Solidarität sehr oft auf nationalistischen Gefühlen basiert. Dieser Zusammenhang ist aber nicht notwendig vorhanden. Es geht nicht unbedingt um einen Patriotismus gegenüber einer Nation, sondern vielmehr gegenüber den Institutionen und Verfahren der Selbstregierung. Im westlichen Verfassungsmodell sind diese beiden Momente aber eine enge Verbindung eingegangen, und Taylor führt die langfristige Stabilität dieser Demokratien auf diesen Punkt zurück. Der eigene nationale Mythos ist zugleich der Mythos von der Entstehung der Selbstregierung. Jerzy Szacki, der Taylors Theorie aus polnischer Sicht kommentierte, hat sehr nachdrücklich darauf aufmerksam gemacht, daß eine bewußte Wahrnehmung der Funktion des Nationalstaatsbegriffs unter westlichen, besonders amerikanischen Demokratietheoretikern eher eine Ausnahme ist. Er hat allerdings gleich kritisiert, daß Taylor dieses Problem letztlich nur streift und in der Schwebe läßt. Natürlich wäre es schön, wenn sich der patriotische Bürgersinn in erster Linie auf die demokratischen Institutionen und erst in zweiter Linie auf das eigene Volk und das eigene Land richtet. Aber gerade eine derartige Erfahrung funktionierender demokratischer Institutionen fehlt in den osteuropäischen Ländern ja eben. Wenn man also wie Taylor die Einheit als Bedingung von Demokratie ansieht und der Meinung ist, daß jedes demokratische Gemeinwesen nicht nur eine Gegenwart, sondern auch eine Geschichte haben muß, dann formuliert man eine Voraussetzung, die Osteuropäer nur traurig und verzweifelt stimmen kann. Das Thema des Patriotismus und des Nationalstaats ist eines der Grundmotive kommunitarischen Denkens; ich werde deshalb im nächsten Kapitel noch an Hand von Alasdair MacIntyres Essay »Ist der Patriotismus eine Tugend?« darauf zurückkommen.

Das zweite wichtige Motiv ist die Partizipation, die gegen die entfremdeten Verfahren der Massendemokratien gestellt wird. Auch dieser Gedanke findet sich bei fast allen Kommunitariern. Ich werde ihn ausführlich in Zusammenhang mit der basisdemokratischen Konzeption Ben Barbers diskutieren.

Das dritte Motiv ist der gegenseitige Respekt der Bürger des Gemeinwesens. Nach Taylors Ansicht ist der Wohlfahrtsstaat eine wesentliche Voraussetzung dafür. Dieser Punkt wird von Taylor am wenigsten ausgeführt. Ich nenne ihn hier deshalb nur der Vollständigkeit halber. Über die Probleme des Respekts und der Verteilungsgerechtigkeit finden sich gründlichere und philosophisch grundlegendere Überlegungen bei Michael Sandel und bei John Rawls selbst.

Die Wirtschaftsordnung ist ein viertes wichtiges Element. Kapitalismus wie Sozialismus können zur Bedrohung für die Demokratie werden. Bei den leninistischen Varianten des Sozialismus war das offenkundig, aber auch die heutigen oft multinationalen Großkonzerne tendieren dazu, Macht auf bürokratische Organisationsformen zu übertragen und diese einer direkteren Mitentscheidungsmöglichkeit der Bürger zu entziehen. Daneben »verleitet uns die Ideologie des Konsums dazu, in diesen Verzicht auf Verantwortung einzuwilligen im Tausch gegen das Versprechen auf weiter wachsenden Lebensstandard« (Taylor 1992/93, 19). Diese Überlegung deutet an, in welchem Maße kommunitarisches Denken seine Wurzeln auch in der Konsumkritik der späten 60er und frühen 70er Jahre hat. Ähnliches gilt für die von ihm angestrebte gemischte Wirtschaftsform, in der »die Macht der privaten Großunternehmen durch ein Gegengewicht in Gestalt öffentlichen Eigentums ausbalanciert, wenn nicht überboten würde« (ebd., 20). Auf diesen Punkt konnte der polnische Kommentator nur mit blanker Ungläubigkeit reagieren. Er macht sehr nachdrücklich darauf aufmerksam, daß Verstaatlichung und Planung immer tödlich für demokratische Institutionen sind und daß Kapitalismus bei allen seinen Fehlern doch eher mehr Raum läßt für Selbstverwaltungsinitiativen (Szacki 1992/93, 29). In dieser Frage ist Taylors politische Philosophie gewiß weniger komplex verglichen etwa mit Michael Walzers Konzeption der verschiedenen Sphären der Gerechtigkeit. Nach Walzer käme es nicht darauf an, daß der Staat selbst auf dem Felde der wirtschaftlichen Macht den Unternehmern Paroli bietet, sondern daß er dafür sorgt, daß wirtschaftliche Größe nicht in politische Herrschaft umgesetzt wird – und auch nicht etwa in den privaten oder religiösen Bereich in bestimmender Weise eindringt.

So liefert Taylors hermeneutische Rekonstruktion der Grundlagen von Demokratie zwar einige Einsichten, aber »keine praktischen Anregungen für jene, die erst dabei sind«, eine lebendige Demokratie zu schaffen (Taylor 1992/93, 20).

3.2 Die Civil Society

Die konkrete Gestalt der Gemeinschaft ist die Civil Society, die Bürgergesellschaft. Dieser uralte Begriff politischen Denkens (*societas civilis*) ist in den letzten Jahren von den verschiedensten Seiten wieder sehr intensiv diskutiert worden. Gemeint ist damit der in der Gesellschaft vorhandene Bürgersinn, d.h. die politische Kultur und die ihr zugrunde liegenden vielfältigen Organisationen und Institutionen auch außerhalb des direkten staatlichen Machtapparats, also die Vereine und Selbstverwaltungskörperschaften, die Honoratiorenstruktur, die Zivilcourage usw. Hegel hatte den Begriff *societas civilis* sehr schön mit »bürgerliche Gesellschaft« übersetzt. Diese Übersetzung differenziert allerdings nicht zwischen dem Citoyen, als dem am Gemeinwesen orientierten Staatsbürger, und dem Bourgeois, als dem ausschließlich an seiner Selbstbereicherung interessierten Wirtschaftsbürger. Ralf Dahrendorf (1992) hat deshalb die Übersetzung »Bürgergesellschaft« vorgeschlagen, die ich hier übernehme, weil mir der Begriff »Zivilgesellschaft«, der auch gern verwendet wird, zwar den gewaltfrei friedlichen Charakter des innergesellschaftlichen Umgangs deutlich betont, aber doch in gewissem Sinne das Militär ausschließt. Das Militär soll aber in der Bürgergesellschaft gerade keinen Staat im Staate bilden, sondern ebenfalls ein Verständnis der Staatsbürgerrolle pflegen. Der Hinweis auf Dahrendorf zeigt schon, daß die Communitarians auf diesen Begriff keinen exklusiven Besitzanspruch erheben können.

Osteuropa ist ein gutes Beispiel für die Funktion der Civil Society. In einigen Ländern verlief die Revolution beinahe wie aus dem Lehrbuch John Lockes: Die Regierung hat den Gesellschaftsvertrag gebrochen und das Volk unter willkürlicher Gewalt gehalten. Damit fällt die politische Macht an die Gemeinschaft zurück, die dem Naturrecht untersteht und die der politischen Struktur vorausgeht (Locke 1989). Aus der Gesellschaft heraus werden Gegeninstitutionen wie die tschechische Charta 77 und die polnische Solidarnosz gegründet, und im Moment der Umwälzung nehmen diese dem Staat die Macht ganz oder teilweise aus der Hand – bis durch Wahlen wieder reguläre neue staatliche Institutionen geschaffen werden und die politisierte Gesellschaft ihr Engagement wieder in normale Bahnen lenken kann. Die Institutionen der Civil Society sind, je nachdem wie stark sich die demokratische Tradition im Land schon etabliert hat (für Polen war der 10jährige Vorlauf der Solidarnosz seit 1980 außerordentlich wichtig), unterschiedlich stabil und politisch durchsetzungsfähig. Rußland bietet hier den naheliegenden Vergleich. »Die Entwicklung einer unabhängigen Adelsklasse, freier Städte und damit eines Regimes von ›Ständen‹ wurde in entscheidenden Augenblicken von der Staatsbildung Iwans des Schrecklichen und später von Peter dem Großen unterbrochen. Spätere Initiativen, die den Anschluß an den Westen bezweckten, wurden von Nikolaus I. und natürlich Lenin unterdrückt.« (Taylor 1991, 59) Die orthodoxe Kirche war niemals unabhängig vom Staat und fiel als Gegeninstitution somit ebenfalls vollkommen aus. Die harten Konflikte, die wir dort erleben, hängen damit zusammen, daß unter schwierigsten wirtschaftlichen Bedingungen auch noch die politischen Strukturen neu erfunden werden müssen.

Die Gesellschaft hat also ihre eigene Identität außerhalb des politischen Bereichs. Dazu gehören sicher eine sich einigermaßen selbst regulierende Ökonomie und eine frei zirkulierende öffentliche Meinung. Die Autonomie dieser Sphären muß von der Politik respektiert werden (ebd., 71), will diese nicht absolutistisch oder repressiv werden – oder sich schlicht übernehmen und dann daran scheitern. Die entscheidende und im Konfliktfalle ausschlaggebende vorpolitische Identitätsform ist aber heute viel deutlicher als bei John Locke oder Thomas Paine, einem der Begründer der amerikanischen Revolution gegen die englische Kolonialherrschaft, die nationale Identität oder die Vorstellung der Selbstbestimmung (ebd., 73). Taylor steht ihr mit einer gewissen Ambivalenz gegenüber. Die Idee der Nation ist neben der des Proletariats in mehreren Fällen auch zur gründlichen Zerstörung der Civil Society mißbraucht worden. Wenn nämlich die vorpolitische Identität zur unmittelbaren Politik ohne Zwischeninstanzen erhoben wird, dann entsteht eine repressive Antipolitik (ebd., 74 f.). Dann wird die Unterscheidung zwischen Staat und Gesellschaft eingeebnet, die doch einstmals als antiabsolutistisches Moment in die politische Theorietradition eingeführt worden war.

Taylor hat in letzter Zeit Zweifel geäußert an der allzu einfachen Gegenüberstellung von »liberal« und »kommunitarisch«. In seiner Darstellung und Analyse der Debatte (1993) erkennt er nicht nur zwei, sondern mindestens vier gegensätzliche Möglichkeiten. Wenn man von zwei Gegensatzpaaren ausgeht, nämlich Atomismus versus Holismus (also einem ganzheitlichen Ansatz) und Individualismus versus Kollektivismus, dann sind »nicht nur atomistische Individualisten (Nozick) und holistische Kollektivisten (Marx), sondern auch holistische Individualisten, wie Humboldt – und sogar atomistische Kollektivisten, wie in dem alptraumhaften, programmierten Utopia von B.F. Skinner, ›jenseits von Freiheit und Würde‹« vorstellbar (Taylor 1993, 108). Es ist deshalb einfach nicht richtig, etwa Wilhelm von Humboldt als Verteidiger eines ganzheitlichen Denkens, das sich der sozialen Einbettung menschlichen Denkens und Handelns voll bewußt ist, und gleichzeitig als Kollektivisten zu begreifen. Taylor weist sehr nachdrücklich darauf hin, wie wichtig Humboldt für die Freiheitslehre von John Stuart Mill geworden ist, und beklagt, daß Humboldts Erbe in der englischsprachigen Welt vergessen zu sein scheint. Gemeint ist Humboldts 1792 entstandene, aber erst lange nach seinem Tode veröffentlichte Arbeit »Ideen zu einem Versuch, die Grenzen der Wirksamkeit des Staats zu bestimmen«, ein grundlegendes Werk liberalen Denkens. John Rawls hat diese Arbeit sowohl in seiner Theorie der Gerechtigkeit als auch später an zentraler Stelle zitiert, so daß Taylors Vorwurf wenigstens ihn nicht trifft.

Taylor bezeichnet sich selbst nicht als Kommunitarier – gewiß auch, um nicht Positionen anderer Theoretiker verteidigen zu müssen, die nicht die seinen sind. Mit seiner Atomismuskritik allerdings hat er dem kommunitarischen Denken ein Grundmuster und ein einleuchtendes Schlagwort geliefert, das die gesamte Debatte geprägt hat. Durch seine Betonung der sozialen Voraussetzungen und der Einbettung demokratischer Strukturen, seine Plädoyers für Bürgersinn und Patriotismus, für Partizipation und den Wohlfahrtsstaat stimmt er im übrigen mit den tragenden Elementen des Kommunitarismus so vollkommen überein, daß man ihm kein Unrecht tut, wenn man ihn dieser Richtung zuordnet. Allerdings sollte man dabei sehr wohl bedenken, daß es sich bei den Kommunitariern um keine »Schule« mit leicht voneinander abweichenden Positionen handelt – wie etwa Freud und Jung, Wilhelm Reich und Erik Erikson verschiedene Richtungen innerhalb der psychoanalytischen Schule vertreten oder Horkheimer, Adorno, Herbert Marcuse und Erich Fromm Varianten der Frankfurter Schule. Es handelt sich um nicht mehr und nicht weniger als um eine Übereinstimmung einer Reihe von Liberalismuskritikern unterschiedlicher theoretischer und regionaler Herkunft, die zum Teil, wie Taylor, ihre Denkmotive schon seit langem vertreten, zum Teil erst neuerdings eine bestimmte Wendung erlebt haben, und die gemeinsam breites Gehör finden, weil durch den forcierten Individualismus der Reagan- und Thatcher-Jahre die Sehnsucht nach mehr Gemeinschaft in den englischsprachigen Ländern sich weithin ausgeprägt hat.

3.3 Kritik der negativen Freiheit

Einer der einflußreichsten politischen Essays der 60er und 70er Jahre war Isaiah Berlins »Two Concepts of Liberty«. Es handelt sich um seine Antrittsvorlesung in Oxford aus dem Jahre 1958. Berlin plädierte mit allem Nachdruck für einen negativen Freiheitsbegriff. Freiheit sollte ausschließlich verstanden werden als Abwesenheit äußerer Hemmnisse, als Unabhängigkeit des Individuums von der Einmischung anderer. Die staatlichen Institutionen haben allein die Funktion, diese Freiheit so weitgehend wie möglich zu gewährleisten.

Eine weitergehende positive Freiheitskonzeption dagegen hält Isaiah Berlin für gefährlich und tendenziell totalitär, denn sobald Freiheit nicht mehr als Freiheit von Zwang, sondern als Freiheit zu etwas aufgefaßt wird, nämlich eine durch rationale Erwägungen vorgeschriebene Form, sein Leben zu führen, kann sie zu einer besonders raffinierten Tarnung für heimliche Tyrannei werden. Für Berlin fallen Pluralismus, Demokratie und negative Freiheit zusammen (Berlin 1989). Seine erzliberale Position kann zwar auf einige spätantike Wurzeln etwa bei Epikur zurückgreifen, steht aber ansonsten im Gegensatz zu den Konzeptionen fast aller wichtigen politischen Philosophen, denn kaum einer hat Freiheit als Möglichkeit verstanden, in beliebiger Weise zu handeln; für sie besteht die »wahre Freiheit« immer nur darin, das Vernünftige zu tun. Deshalb sind Kinder für Spinoza, obwohl sie der Zwangsgewalt ausgesetzt sind, keine Sklaven, da sie ja in ihrem eigenen Interesse gezwungen werden. Für Locke gibt es keine Freiheit ohne Gesetz, sogar Montesquieu hat in einigen weniger liberalen Momenten Freiheit verstanden als die Macht, das zu tun, was wir tun sollten. Freiheit besteht also für alle diese Theoretiker nie darin, das Irrationale, das Dumme oder Falsche zu tun. In dieser Sichtweise ist es keine Tyrannei, den einzelnen zu seinem eigenen Besten zu zwingen. Die Tyrannei gibt sich hier als die wahre

Befreiung aus – und das ist der entscheidende Mangel jeder Konzeption von positiver Freiheit (Berlin 1989, 135 f.).

Immanuel Kant sah im Paternalismus, der die Untertanen als unmündige Kinder behandelt und sie zwingen will, nach dem Urteil des Staatsoberhauptes glücklich zu werden, den größten denkbaren Despotismus. Kant war in Isaiah Berlins Sicht derjenige, der dem Begriff der negativen Freiheit noch am nächsten kam mit seinem Verständnis von Freiheit als »Unabhängigkeit von eines anderen nötigender Willkür« (Kant 1966, 43). Aber auch bei ihm wandelt sich der strikte Individualismus auf merkwürdige Weise in die Lehre, daß kein auf legalem Wege erlassenes Gesetz meine rationale Freiheit einschränken kann, weil es Ausdruck dieser rationalen Freiheit ist. Damit ist für Berlin der technokratischen Expertenherrschaft Tür und Tor geöffnet, so sehr Kant auch bestritten hatte, daß es in moralischen Fragen Experten geben könne. Eine Regierung, die die öffentliche Wohlfahrt im Sinne der »positiven Freiheit« verwirklichen will, kann nicht warten, bis jeder vollkommen rational agiert, sondern wird ihn in seinem eigenen Interesse und zu seinem eigenen Besten disziplinieren und notfalls ins Gefängnis schicken müssen. In den selbstkritischen Momenten der Aufklärung ist dies gesehen worden – z.B. in Mozarts Zauberflöte, wo die Herrschaft der Besten und Weisesten in Sarastros Tempel als gnadenlose Despotie dargestellt wird.

Der Fehler dieses Denkens – und damit der Fehler von zwei Jahrtausenden westlicher Denktradition im Bereich der politischen Ethik – liegt nach Berlin darin, daß erstens angenommen wird, alle Menschen hätten ein wahres Ziel, das in rationaler Selbstbestimmung liege, zweitens, daß die Ziele aller vernünftigen Wesen letzten Endes einem universalen und harmonischen Muster sich einfügen müßten, und drittens, daß aller Konflikt und damit auch alle entstehenden Tragödien ausschließlich auf den Zusammenstoß der Vernunft mit dem Unvernünftigen oder noch nicht ausreichend Rationalen zurückzuführen sind, viertens, daß alle Menschen, wenn sie erst zur Vernunft gebracht worden sind, auch den vernünftigen Gesetzen ihrer eigenen Natur gehorchen werden (Berlin 1989, 154). Diese vier Voraussetzungen bestreitet Berlin entschieden. Der keineswegs unbedingt rationale Kampf um Anerkennung kann durchaus ein berechtigtes Ziel sein; es muß auch ein Recht geben, für sich selbst Unvernünftiges zu wollen und zu tun; der Konflikt kann genauso durch das Zusammentreffen zweier unvereinbarer rationaler Ziele entstehen – man muß sich nur eingestehen, daß es solche Unvereinbarkeiten geben kann und nicht bloß eine Vernunft, die alles in Harmonie auflöst, wenn sie nur richtig erkannt worden ist.

Berlin plädiert dafür, die seltsame Begrifflichkeit aufzugeben, nach der die Ausübung von Zwang gegen jemanden diesen erst zur wahren Freiheit führt, weil die Despotismen seit der Französischen Revolution dies als außerordentlich wirksame Rechtfertigungsideologie nutzen konnten. Er möchte zu einer Begrifflichkeit kommen, in der Freiheit Freiheit ist und nicht irgend etwas anderes, nämlich nicht Gleichheit, Fairneß oder Gerechtigkeit oder Kultur oder menschliches Glück oder ein gutes Gewissen (ebd., 125). Entsprechend soll einschränkender Zwang auch so genannt und nicht verhüllt werden. Er hält Thomas Hobbes, den Theoretiker der despotischen Zentralgewalt im Namen der Friedensschaffung und Lebenserhaltung, deshalb für einen der ehrlichsten politischen Theoretiker. Seine Kritik der positiven Freiheit geht aber noch weiter. Das Streben nach Souveränität, nach Selbstregierung erhöht nicht unbedingt die Freiheitspotentiale einer Gesellschaft. Eine Demokratie kann ihren Bürgern durchaus die einschränkendsten Zwänge auferlegen. Für die antike Demokratie Athens war das sogar das entscheidende Charakteristikum. Es kommt nicht so sehr darauf an, wer regiert – ob die Bürger selbst oder eine übergeordnete Instanz, sondern vielmehr darauf, in welchem Ausmaß regiert wird. Berlin unterscheidet zwischen den beiden Fragen: »By whom am I governed?« und »How much am I governed?« (ebd., S. XLIII). Die wirklichen Liberalen, wie John Stuart Mill und Benjamin Constant, hatten jederzeit ein Sensorium für die Gefahr einer Tyrannei der Mehrheit und fürchteten die Tyrannei der vorherrschenden Gefühle und Meinungen ebensosehr wie jede andere politische Tyrannei.

Berlins Denken hat vieles von dem vorweggenommen, was später etwa in Michel Foucaults Vernunftkritik vorgetragen worden ist. Foucault allerdings scheint Isaiah Berlin nie zur Kenntnis genommen zu haben. Vermutlich deshalb, weil Berlins antitotalitäres Denken in jenen Jahren als Apologie der westlichen Regierungsform galt. Die Gegenüberstellung der beiden Formen der Freiheit und die Warnung vor den totalitären Tendenzen in jedem Begriff von positiver Freiheit war gewiß eine extreme idealtypische Zuspitzung und konnte deshalb nicht allen aus der Theoriegeschichte bekannten Freiheitskonzeptionen gerecht werden. Im Falle Montesquieus und Immanuel Kants hatte Berlin ja schon selbst einige Differenzierungen ins Spiel gebracht, ohne aber von der Radikalität seiner Kritik etwas zurückzunehmen. In der angelsächsischen Welt waren diese Überlegungen außerordentlich einflußreich – in Deutschland und Frankreich wurden Berlins Überlegungen dagegen eher zögerlich aufgenommen. Charles Taylors Versuch, Berlin zu widerlegen, hat hier bislang eine höhere Auflage und größere Verbreitung gefunden als Berlins Buch selbst. Taylor verteidigt so gesehen den Hauptstrom politischen Denkens gegen eine moderne Minderheitsvariante.

Was steht auf dem Spiel? Die Befürworter der negativen Freiheit wollen individuelle Unabhängigkeit von anderen. Die positiven Theorien »wollen Freiheit außerdem mit kollektiver Selbstregierung identifizieren« (Taylor 1988, 120 f.). Positive Freiheit hat in Taylors Sicht also Züge einer Regierungsform im Sinne der alten republikanischen Tradition, wie man sie in der Antike, bei Machiavelli, Thomas Jefferson und Tocqueville finden kann.

Taylors entscheidendes Argument, auf dem im Grunde sein ganzer Aufsatz »Der Irrtum der negativen Freiheit« ruht, lautet so: Es reicht nicht, einfach nur tun zu können, was wir wollen. »Es ist zugleich erforderlich, daß das, was wir wollen, nicht unseren grundlegenden Zielen oder unserer Selbstverwirklichung zuwiderläuft.« Oder in einer etwas anderen Formulierung: Das »Subjekt selbst kann in der Frage, ob es selbst frei ist, nicht die letzte Autorität sein, denn es kann nicht die oberste Autorität sein in der Frage, ob seine Bedürfnisse authentisch sind oder nicht, ob sie seine Zwecke zunichte machen oder nicht« (ebd., 125).

Berlin würde auf diesen Einwand wahrscheinlich antworten, daß das Individuum das dann schon irgendwann merken werde, im übrigen aber vor jeder Bevormundung geschützt werden müsse, denn wer sonst könne in Fragen, die unmittelbar die eigenen Wünsche und Ziele betreffen, eine höhere Autorität sein als man selbst? Die Gefahr des Paternalismus, vor der Berlin so sehr warnt, liegt an diesem Punkt auf der Hand. Taylor ist sich dieses Problems bewußt und versucht, ihm aus dem Wege zu gehen, indem er den Weg von der negativen zu einer positiven Freiheitskonzeption in zwei Schritte zerlegt. Der erste Schritt ist die Gleichsetzung von Freiheit mit dem, was wir wirklich wollen. Diesen Schritt hält Taylor für legitim, denn eine Auffassung von Freiheit, die jede Unterscheidung der Ziele und Motive vermeidet, wird sich nicht halten lassen. Sie gerät in das Paradox der Freiheit, die sich selbst und ihre eigenen Bedingungen durch Unterwerfung bereitwillig aufgibt. Ein solches Paradox wäre etwa die Vorstellung einer freiwilligen Unterwerfung unter eine Sucht.

Der zweite Schritt dagegen würde wirklich in den Totalitarismus führen: nämlich die Einführung irgendeiner Doktrin, was unser wirklicher Wille wäre oder zu sein habe. »Wir könnten ein Beispiel für diesen zweiten Schritt in Rousseaus Auffassung erblicken, daß nur eine auf dem Gesellschaftsvertrag basierende Gesellschaft, in der alle sich vollständig dem Ganzen widmen, uns vor Fremdbestimmung bewahrt und gewährleistet, daß wir nur uns selbst gehorchen; oder in Marx' Lehre vom Menschen als einem Gattungswesen, das sein Potential in einer gesellschaftlichen Produktionsweise verwirklicht, das somit diese Produktionsweise kollektiv kontrollieren muß.« (Ebd., 127) Damit ist klar, worauf Taylor hinauswill: Er will den ersten Schritt in Richtung einer positiven Freiheitskonzeption tun und auf diese Weise eine gewisse Selbstreflexion und Vernünftigkeit in die Zielvorstellungen des Individuums hineinbringen, den zweiten aber will er strikt vermeiden. Sein Argument: Vorausgesetzt ist immer schon eine gewisse Bedeutsamkeit. Wenn wir von Freiheit sprechen, meinen wir ja nicht die bloße Bewegungsfreiheit (die z.B. durch Verkehrsampeln eingeschränkt wird), sondern etwa die Meinungs-, Gewissens- und Religionsfreiheit. Damit fällen wir Relevanzurteile und gestehen zu, daß nicht alle Möglichkeiten gleichwertig sind. Das gilt noch mehr für die innere Wahrnehmung: »Manche vorübergehende Bequemlichkeit ist weniger bedeutsam als die Erfüllung einer lebenslangen Berufung, unsere Eigenliebe weniger wichtig als eine Liebesbeziehung.« (Ebd., 131)

Umgekehrt gibt es Fälle, in denen das zu tun, was man unbedingt will, gerade nicht der Beweis von Freiheit ist – sehr starke Wünsche können geradezu ein Hindernis der Freiheit sein. Wenn das so ist, kann auch nicht mehr jede Fremdbeurteilung ausgeschlossen werden, denn das hieße ja, »prinzipiell auszuschließen, daß das Subjekt sich jemals über das, was es wirklich will, irren kann« (ebd., 135). Nach der reinen Theorie negativer Freiheit wäre das wirklich so, denn das unmittelbare Gefühl wäre ein grundlegendes Faktum, von dem man ausgehen muß. Das heißt nicht unbedingt, daß man ihm nachgeben muß, es heißt aber sehr wohl, daß man den Verzicht, dieses unmittelbare Gefühl auszuleben, als Einschränkung der eigenen Willkürfreiheit bezeichnet und nicht als Verwirklichung irgendeiner wahren Freiheit. Diese

Konzeption lehnt Taylor ab, denn dieser gemäß wären unsere grundlegenden Bedürfnisse nichts anderes als etwa Zahnschmerzen, die in der modernen Sprachphilosophie als ein typisches Beispiel für etwas gelten, was ausschließlich der Eigenwahrnehmung zugänglich ist. Viele Gefühle und Bedürfnisse sind aber nicht so unmittelbar wie Schmerzen, sie können uns selbst als unbegründet oder als mehr oder weniger rational erscheinen, unterliegen damit unserer Reflexion. »Wir können daher manche Bedürfnisse als Fesseln wahrnehmen, weil wir sie nicht als unsere eigenen erleben.« (Ebd., 139) Sie unterliegen starken Wertungen. Dann gibt es aber auch die Möglichkeit von Fehleinschätzungen, Illusionen und Selbsttäuschungen – von denen die großen Erziehungsromane wie die »Verlorenen Illusionen«, die »Education sentimentale« oder »Wilhelm Meisters Lehrjahre« dann auch handeln. Immer geht es um Selbstreflexion und Selbsteinsicht von Subjekten, die wir als Leser von außen beobachten und auch beurteilen können. Taylor nennt als Beispiel für Fehleinschätzungen, die der Handelnde nicht selbst entdeckt, Andreas Baader und Charles Manson. »Ich wähle sie aus als Menschen mit einem starken Gefühl, daß manche Zwecke und Ziele unvergleichlich wichtiger sind als andere – oder zumindest mit einem Hang, das Vorhandensein eines solchen Gefühls so vorzuspielen, da dies einen Gutteil ihrer Zeit in Anspruch nahm –, deren Verständnis grundlegender Ziele jedoch mit Konfusion und Irrtum durchwirkt war.« (Ebd., 141) Sobald man solche Extremfälle zugesteht, muß man auch zugestehen, daß wir übrigen möglicherweise an der gleichen Unfähigkeit, wenn auch hoffentlich in geringerem Grad, leiden. Der durch Irrtum oder Ressentiment innerlich gefesselte Mensch ist nicht wirklich frei. Auch innere Hindernisse sind Freiheitseinschränkungen. Die reine negative Freiheitsdefinition als Abwesenheit äußerer Hindernisse ist also nicht haltbar, denn sie führt zur Preisgabe »eines der hervorragendsten Terrains des Liberalismus, des Bereichs der individuellen Selbstverwirklichung«, und kann nicht wahrnehmen, daß die Freiheit um so größer ist, je bedeutsamer nach unseren reflektierten Wertvorstellungen die Ziele sind, die wir anstreben wollen (ebd., 144).

Taylors Argumentation spart den politischen Bereich der republikanischen Selbstregierung und der damit möglichen Tyrannei der Mehrheit vollkommen aus und konzentriert sich nur auf das Problem der Selbstverwirklichung. Deshalb ist seine Kritik völlig unzureichend und verfehlt den politischen Kern von Berlins »negativer Freiheit«. Er kann zwar zeigen, daß es Fälle gibt, in denen jemand anderes meine eigenen Wünsche besser und richtiger beurteilen kann als ich selbst. Mit diesem Nachweis ist aber nicht das Geringste gewonnen, denn wer soll beurteilen, ob jemand in einem bestimmten Augenblick mehr seinem eigenen Willen oder dem Rat des Therapeuten zu folgen hat? Ein Plädoyer für die prinzipielle Außenbeurteilung wäre ein Plädoyer für eine prinzipielle Entmündigung des Subjekts, die wir nur unseren Kindern und vielen in geschlossenen Anstalten verwahrten Geisteskranken zumuten, wohl wissend, daß es eine unangemessene Umgangsform mit voll entwickelten menschlichen Persönlichkeiten ist. Taylor kann nicht zeigen, daß das Außenurteil in irgendeiner Weise der Selbstbeurteilung überlegen ist. Auch in den Bildungsromanen kam es ja darauf an, daß das Subjekt seine Fehler selbst macht und anschließend in Erfahrungen umdefiniert. So richtig es sein mag, eine Sehnsucht nach Einheit und Gemeinsamkeit zu artikulieren, so recht hat Berlin wohl mit seiner Sprach- und Begriffskritik, daß die Rede darüber eben nicht eine Rede über Freiheit, sondern über etwas anderes sei, und daß man sich dessen bewußt sein müsse, daß man möglicherweise Einschränkungen der eigenen Willkürfreiheit in Kauf nehmen muß, wenn man diese anderen Ziele realisieren will.

In dieser Debatte zeigt sich eine gewisse Schwäche kommunitarischer Argumentation. Kommunitarische Argumentationen sind offenbar nur dort überlegen, wo sie durch hermeneutische Reflexion die Bedingungen und Voraussetzungen liberaler Konzeptionen in den Blick bekommen. Stoßen sie aber auf eine liberale Argumentation wie die Berlins, die ihrerseits Voraussetzungen und mögliche gefährliche Folgen bestimmter Freiheitskonzeptionen erörtert, also auf der gleichen Reflexionsebene angesiedelt ist, dann funktioniert der Gestus der Hinterfragung nicht. Dann steht Argument gegen Argument. Zumindest in diesem Fall waren die ingeniöseren und brillanteren, auch die kühneren Argumente auf der Seite des Liberalen.

4. Ästhet, Manager und Therapeut als Charaktermasken: Alasdair MacIntyre

Im Unterschied zu den anderen kommunitarischen Kritikern des Liberalismus bietet Alasdair MacIntyre keinerlei politisch-praktische Lösungen an, sondern beschränkt sich konsequent auf die Kritik. Anders als Michael Sandel käme er gewiß nicht auf den Gedanken, der Demokratischen Partei eine Rezeptur für ihren Sieg bei den Präsidentschaftswahlen auszustellen. So kann er die anderen Kommunitarier an Radikalität und Schärfe überbieten. Wenn ich sein Denken als die dritte unter den kommunitarischen Positionen darstelle, so ist das einerseits als Klimax gemeint, andererseits wollte ich aber auch dem Eindruck vorbeugen, alle Kommunitarier hätten ausschließlich Klagelieder über den Verfall der Sitten zu bieten. Der Wert von MacIntyres Denken liegt mehr in seinem eindrucksvollen Zugriff auf die gesamte Tradition der Moralphilosophie, die er in einer Reihe von Büchern dargestellt und kritisiert hat (z.B. MacIntyre 1966; dt. 1991). Diese Arbeiten erschienen ihm selbst als unzulänglich, und erst in seinem 1981 (dt. 1987) veröffentlichten Buch »Der Verlust der Tugend« hat er seine Kritik so sehr zugespitzt und auf den Punkt gebracht, daß von diesem Buch eine eindrucksvolle, über den akademischen Kreis hinausgehende Breitenwirkung ausging, die ihn mit einem Schlag bekannt machte.

Für ihn verkörpern der Marxismus wie der liberale Individualismus gleichermaßen das fragwürdige Ethos der modernen und sich modernisierenden Welt. Er glaubt, »daß nichts weniger als die Ablehnung eines großen Teils jenes Ethos uns einen rational und moralisch vertretbaren Standpunkt liefert, von dem aus man urteilen und handeln kann – und aufgrund dessen man mehrere rivalisierende und verschiedenartige Moralsysteme, die um unsere Gefolgschaft wetteifern, zu bewerten in der Lage ist« (MacIntyre 1987, 10). Die traditionelle Tugendethik ist verlorengegangen – doch sie allein könnte nach MacIntyre Maßstäbe zur Orientierung in der Gegenwart geben.

MacIntyre vergleicht unsere Moralregeln mit dem, was die Polynesier Kapitän James Cook gegenüber, als er sie auf seiner dritten Reise aufsuchte, als *Tabu* bezeichneten. »Die englischen Seeleute waren erstaunt über die in ihren Augen freizügigen sexuellen Gewohnheiten der Polynesier und staunten noch mehr, als sie in scharfem Gegensatz dazu das strenge Verbot entdeckten, mit dem beispielsweise das gemeinsame Essen von Männern und Frauen belegt war. Als sie fragten, warum es Männern und Frauen verboten war, gemeinsam zu essen, wurde ihnen gesagt, dieses Verhalten sei *tabu.* Aber als sie weiterfragten, was *tabu* bedeute, konnten sie darüber hinaus kaum etwas erfahren« (ebd., 152). Als Kamehameha II. diese Tabus vierzig Jahre nach Cooks Reise auf Hawaii beseitigte, stieß er auf keinen Widerstand, und besondere soziale Folgen dieser Abschaffung scheinen auch ausgeblieben zu sein. In der Diskussion der Anthropologen hat sich eine Deutung als die plausibelste erwiesen, wonach Taburegeln zunächst in einen Kontext von Weltdeutungen eingebunden sind, der nach und nach verlorengeht. Sie sind dann zu verstehen als Überreste früherer kultureller Existenzformen einer Gesellschaft. In späteren Phasen verstehen oftmals diejenigen, die sie beachten und auf ihre Einhaltung achten, ihren Sinn nicht mehr – weil der Kontext verlorengegangen ist. Wenn dann jemand nach deren Rechtfertigung fragt, sie von oben als Gesellschaftsreformer abschafft oder sie von unten provokativ durchbricht, büßen sie schnell ihre Autorität ein und verschwinden. An dieser Stelle wird deutlich, worauf MacIntyre mit seinem exotischen Beispiel hinauswill: »Warum sollten wir über den heutigen Gebrauch von *gut, richtig* und *obligatorisch* anders denken als über den Gebrauch von *tabu* im späten 18. Jahrhundert auf Polynesien? Und warum sollten wir uns Nietzsche nicht als den Kamehameha II. der europäischen Tradition vorstellen?« (Ebd., 154)

MacIntyres Hypothese, die er in seiner Abhandlung »Der Verlust der Tugend« vehement vertritt, ist also, daß wir den Kontext unserer herkömmlichen moralischen Schlüsselbegriffe weitgehend verloren haben. Sie werden weiter verwendet, aber nur als unverstandene Scheinbilder. Sie sind uns verlorengegangen durch einen Prozeß, bei dem es sich um eine Katastrophe gehandelt haben muß, der aber »ausgenommen für einige wenige vielleicht – nicht als Katastrophe erkennbar war und erkannt wurde« (ebd., 16). Die rhetorische Dramatisierung dieser Darstellung ist gewiß einer der wesentlichen Gründe für die große Resonanz von MacIntyres Buch. Geschichten des Niedergangs und Verfalls können immer auf gespanntes Interesse und melancholische Identifikation zählen – man denke an die Begeisterung, mit der sich ganze Intellektuellengenerationen bis hin zum jungen Marx in Edward Gibbons »Abstieg und Fall des Römischen Reiches« (1776/1788) vertieften. MacIntyre weiß sehr genau und kalkuliert damit, daß die Erzählform und die Unterteilung in Zeitabschnitte »Normen für Leistung und Versagen, für Ordnung und gestörte Ordnung« (ebd., 15) voraussetzt und natürlich auch vermittelt. Und er hat sich auch sehr genau überlegt, daß seine Zielgruppe nicht jene modernen Radikalen oder Konservativen sein können, die von ihrer eigenen Moralität und ihrer moralischen Rhetorik ungebrochen überzeugt sind, die also, während sie unsere Kultur anprangern, doch immer voraussetzen müssen, daß in ihr noch die moralischen Mittel virulent sind, die nötig sind, um sie zu brandmarken (ebd., 17 f.).

Dagegen setzt MacIntyre seine Überlegung, daß schon die Sprache der Moral selbst nicht mehr in Ordnung ist, daß auch diese Moralprediger durch ihre Sprache getäuscht werden und sozusagen ohne Boden unter den Füßen agieren. »Es ist das Ziel dieses Buches, diesen Gedanken Radikalen, Liberalen und Konservativen gleichermaßen zugänglich zu machen. Ich kann allerdings nicht damit rechnen, ihn auch schmackhaft zu machen, denn wenn er richtig ist, befinden wir uns alle bereits in einem so verhängnisvollen Zustand, daß es keine großen Mittel mehr dagegen gibt.« (Ebd., 18) MacIntyres Schlußwendung gegen Angst als kulturelle Mode und Pessimismus als kultureller Luxus wirkt vor diesem Hintergrund selber eigentlich nur noch als rhetorische Absicherung gegen den Vorwurf einer allzu gefälligen und intellektuell simplen Predigt von Melancholie, ohne daß er diesem Einwand irgendein substantielles Argument entgegensetzen könnte. Dennoch müssen seine Begründungen für die Hypothese über den »Verlust der Tugend« sehr sorgfältig geprüft werden, denn es könnte ja sein, daß er recht hat und daß aller Grund zu Pessimismus und Melancholie besteht.

Seine Begründung für die These, »daß die Sprache der Moral aus einem Zustand der Ordnung in einen Zustand der Unordnung übergegangen ist« (ebd., 25), beginnt MacIntyre mit der Beobachtung, daß es zu Grundfragen wie der des gerechten Krieges, der Abtreibung oder der sozialen Gerechtigkeit völlig gegensätzliche Antworten gibt, bei denen die rivalisierenden Argumentationen durchaus schlüssig aus inkommensurablen Prämissen folgen. Z.B. in der Frage des Krieges: a) Es kann heute überhaupt keinen gerechten Krieg geben, weil bei der Verwendung moderner Waffen die Trennung zwischen Kombattanten und unschuldigen Nichtkämpfenden nicht möglich ist. Deshalb sollten alle eigentlich Pazifisten sein. b) Zur Friedenserhaltung muß man auf den Krieg vorbereitet sein, c) Befreiungskriege sind gerecht, imperialistische Unterdrückungskriege dagegen nicht (ebd., 19 f.).

Der oft scharfe Ton moralischer Debatten resultiert offenbar daraus, daß hier Behauptung gegen Behauptung steht und auch die Prämissen nichts anderes sind als von der Gegenseite bestreitbare Behauptungen. Es wäre beschönigend, hier von »moralischem Pluralismus« zu reden – möglicherweise handelt es sich bei unseren moralischen Überzeugungen heute nur noch um »eine uneinheitliche Mischung ungeordneter Bruchstücke«, die »ursprünglich in größeren Zusammenhängen von Theorie und Praxis zu Hause waren und dort eine Rolle und Funktion hatten« (ebd., 24 f.). Die heutige analytische Moraltheorie hat sich nach MacIntyre deshalb auf die philosophische Konzeption des *Emotivismus* zurückgezogen, der lehrt, daß moralische Urteile nur Ausdruck von Gefühlen, Vorlieben, Präferenzen sind, also Werturteile, die nicht weiter rational begründet werden können. Moralische Urteile sind dann nur noch rhetorische Versuche, andere zur Übereinstimmung mit der eigenen Position zu bringen, also etwa von der Qualität des Satzes: »Er lebe hoch!« (ebd., 27).

MacIntyre hat vor seiner Einwanderung in die USA eine Zeitlang in Oxford gelehrt. Aus dieser Zeit resultiert seine sehr kritische Einstellung gegenüber der intellektuellen Atmosphäre im Umkreis der Konkurrenzuniversität Cambridge. Er diagnostiziert, daß der Emotivismus dazu neigt, moralische Äußerungen aus der Zeit zwischen 1907 und 1930 in Cambridge und im Bloomsbury-Kreis um Virginia und Leonard Woolf, Lytton Strachey und Roger Fry mit moralischen Äußerungen schlechthin zu verwechseln. MacIntyre zitiert John Maynard Keynes, ein kritisches Mitglied dieser Gruppe: »In der Praxis gehörte der Sieg denen, die mit dem größten Anschein klarer, zuversichtlicher Überzeugung sprechen konnten und am besten den Tonfall der Unfehlbarkeit trafen.« (Ebd., 33) Es mußte nicht einmal unbedingt ausdrücklich geredet werden: »Keynes fährt fort und beschreibt die Wirksamkeit der schweren Seufzer des ungläubigen und kopfschüttelnden Moore, des grimmigen Schweigens Stracheys und des Achselzuckens von Lowes Dickinson.« (Ebd.) Der philosophische Hauptvertreter des Emotivismus ist C.L. Stevenson, ein Schüler von G.E. Moore. Das Problem für uns ist, daß heute kaum jemand, auch nicht in England, Stevenson, dessen »Ethics and Language« 1945 erschien, für einen besonders wichtigen Moralphilosophen hält und daß sich der Emotivismus nicht einmal in der analytischen Moralphilosophie hat durchsetzen können. Man hat ein wenig den Eindruck, daß MacIntyre hier gegen einen Sandsack boxt. Aber es geht ihm gar nicht um die philosophische Bedeutung dieser Lehre, sondern um ihre soziale Wirksamkeit: »Die nicht erkannte philosophische Kraft des Emotivismus ist einer der Schlüssel zu seiner kulturellen Wirkung« (ebd., 37). Er behauptet, »daß die Menschen heute in erheblichem Umfang so denken, sprechen und handeln, als wäre der Emotivismus wahr, gleichgültig, was ihr erklärter theoretischer Standpunkt ist. Der Emotivismus ist in unsere Kultur eingegliedert worden.« (Ebd., 39)

MacIntyre, der viele Jahre einen Lehrstuhl für Soziologie hatte, ist der Meinung, daß die entscheidende Frage an eine Moralkonzeption lautet, wie ihre soziale Verkörperung aussehen würde (ebd., 41). Und hier kommen wir zu seinen stärksten und wirkungsvollsten Überlegungen. Emotivistisches Denken hat die Verwischung »jeder echten Unterscheidung zwischen manipulativen und nicht manipulativen sozialen Beziehungen zur Folge« (ebd.). Für Kant war es eine der entscheidenden Formulierungen seines kategorischen Imperativs, jeden anderen Menschen »niemals bloß als Mittel, sondern zugleich selbst als Zweck« zu gebrauchen (Kant 1974, 156). In unserer moralischen Gegenwart geht es dagegen um nichts anderes als um die Manipulation anderer Menschen. Die heute prägenden Sozialcharaktere sind der reiche Ästhet, der Manager und der Therapeut. Diese drei Charaktere sind »keine Randfiguren auf der sozialen Bühne der Gegenwart«, sondern die Repräsentanten unserer Kultur, wie es im wilhelminischen Deutschland der preußische

Offizier, der Professor und der Sozialdemokrat waren, oder im viktorianischen England der Privatschuldirektor, der Forscher und der Ingenieur (MacIntyre 1987, 46 f.). MacIntyre wählt sehr bewußt den Begriff »Charakter«, weil er »dramatische und moralische Assoziationen miteinander verbindet« (ebd.). Zahnarzt oder Straßenkehrer sind für ihn in diesem Sinne keine prägenden Charaktere. Es kommt schon darauf an, daß sie das ausdrücken, was die vorherrschende Moralphilosophie ausmacht. Sie sind die Masken, die die geltende Moralkonzeption trägt. Hier wird überdeutlich, wie sehr der Marx-Kenner MacIntyre sich an Marx' Begriff der »Charaktermaske« aus dem ersten Band des »Kapital« anlehnt. »Charakter« bedeutet, daß die soziale und die psychologische Rolle verschmolzen werden, daß es sich also um ein kulturelles und soziales idealtypisches Bild handeln muß. Es dreht sich also nicht bloß um soziale Rollen: »Der Privatschuldirektor in England und der Professor in Deutschland, um nur zwei Beispiele zu nehmen, waren nicht nur soziale Rollen; sie waren der moralische Mittelpunkt für ein ganzes Bündel von Haltungen und Handlungen. Dieser Funktion konnten sie nachkommen, weil sie moralische und metaphysische Theorien und Ansprüche verkörperten. Darüber hinaus besaßen diese Theorien und Ansprüche ein gewisses Maß an Komplexität.« (Ebd., 49)

Die heutige Verkörperung solcher sozialen Führungsrollen ist der Manager, die »Hauptperson der zeitgenössischen Szene« (ebd., 104). Seine Aufgabe im privatwirtschaftlichen wie im behördlichen Bereich ist es, organisatorischer Rationalität entsprechend die vorhandenen menschlichen und materiellen Ressourcen möglichst effektiv auf ein vorbestimmtes Ziel hin zu lenken. Dies ist die von Max Weber gegebene Definition des Expertentums, und hier hat das Bild des Managers gewiß seinen Ursprung. Weber ist in MacIntyres Sinne gewiß ein Emotivist, weil die nicht weiter begründete Entscheidung eine tragende Rolle in seinem Denken spielt. Manager und Therapeut betrachten Ziele als gegeben: sei es die Verwandlungen von Rohstoffen in bestimmte Endprodukte, von Investitionen in Gewinn im wirtschaftlichen Bereich oder die Verwandlung nichtangepaßter Individuen in richtig angepaßte. Beide verwischen als Charaktere den Unterschied von manipulativen und nichtmanipulativen sozialen Beziehungen (ebd., 60). Das therapeutische Denken ist inzwischen in weite Bereiche unserer Kultur in prägender Weise vorgedrungen, und das therapeutische »du mußt das und das« hat in weiten Bereichen sowohl die religiösen Gebote als auch jeglichen rationalen moralischen Diskurs ersetzt. Philip Rieff hat in seinem Buch »The Triumph of the Therapeutic«, das 1966 erschienen ist, sehr überzeugend dargestellt, worin die Notwendigkeit und Unvermeidlichkeit dieses Zusammenhangs liegt. Der dritte Sozialcharakter, der reiche Ästhet, ist der anspruchsvolle Konsument von Dingen und menschlichen Beziehungen, wie ihn etwa die von Kierkegaard mit »A.« bezeichnete Gestalt in »Entweder – Oder« darstellt. In dieser Gestalt des Müßiggängers, der die Langeweile durch Manipulation anderer Menschen bekämpft, liegt eine der radikalsten Formen von Modernität vor.

Allen drei Sozialcharakteren ist der »Verlust aller letzten Kriterien« gemeinsam (MacIntyre 1987, 53) – sie urteilen ad hoc, sie »entscheiden« ohne weitere und tiefergehende rationale Begründung. Das moderne Selbst hat keinen Kern, keine notwendige soziale Identität. Es »kann jede Rolle annehmen oder jeden Standpunkt beziehen, weil es für sich genommen nichts ist« (ebd., 52). An diesem Punkt kommen wir der Diagnose der moralischen Katastrophe der Gegenwart näher, denn hier hat sich ein Verlust ereignet, den man meist gar nicht bemerkt: Das Erscheinen des Individuums wird heute meist »als sich selbst gratulierender Gewinn« gefeiert (ebd., 54). Daran hat nach MacIntyre das Projekt der Aufklärung zur Rechtfertigung der Moral schuld, das seiner Ansicht nach auf der ganzen Linie gescheitert ist. Seine Kritik richtet sich hier in erster Linie gegen Kants kategorischen Imperativ, den er, obwohl von Kant als Moral*kriterium* gedacht, als Versuch einer Begründung auffaßt. Denn Kants Vorschrift, so zu handeln, daß die Maxime des eigenen Handelns zugleich Prinzip einer allgemeinen Gesetzgebung sein kann, ist von ihm an keiner Stelle erfolgreich rational begründet worden. Er selbst gab dieses Scheitern zu, hat darin aber kein Problem gesehen, denn es schien ihm, daß sich dieser Gedanke uns von selbst aufdrängt und deshalb als »Faktum der Vernunft« zu bezeichnen ist (Kant 1974, 36). Heute gibt man sich mit dieser Überlegung nicht mehr zufrieden, hält sie für einen Fehlschluß vom Sein auf das Sollen und deshalb mehr für »einen säkularisierten christlichen Platonismus« (Ilting 1972, 124). Das charakterisiert ungefähr den gegenwärtigen Stand der Diskussion. MacIntyres Argumente gegen den kategorischen Imperativ sind dagegen wenig überzeugend. Seine Beispiele, die er anführt, um Kants Formel auszuhebeln, leuchten nicht ein. MacIntyre ist der Meinung, Formulierungen wie: »Halte dein ganzes Leben alle Versprechen, bis auf eines« oder: »Verfolge alle, die falsche religiöse Überzeugungen haben« seien problemlos verallgemeinerbar, aber dennoch unmoralisch. Beide Sätze enthalten in sich aber eine Ausnahme: das eine Versprechen, das nicht gehalten wird, und die eine, nämlich eigene religiöse Überzeugung, so daß der Sinn und Inhalt der Formulierung hier dem Test von Kants Imperativ nur scheinbar standhalten kann. Und ein Satz wie »Iß freitags immer Fisch«, wie ihn MacIntyre als Beispiel dafür anführt, daß dem kategorischen Imperativ auch vollkommen triviale Regeln entsprechen können, ist kein Einwand. Er beweist nur, daß bestimmte Speisegebote nicht gegen moralische Regeln verstoßen müssen. Eine andere Sache ist es, wenn wir heute glauben, daß unsere Gesellschaft nicht unbedingt über Speisegebote integriert werden sollte, wie es die islamische und die jüdische Gemeinschaft zu einem guten Teil immer noch werden. Der kategorische Imperativ schließt nur solche Sätze aus, die moralisch zu verurteilen sind. Es kann aber eine Menge Sätze geben, die uns als trivial, überholt oder peinlich erscheinen, die aber moralisch vollkommen unanstößig und unproblematisch sind.

Diese Kant-Kritik ist unter philosophischen Gesichtspunkten wenig tragfähig – davon unabhängig ist es allerdings richtig festzuhalten, daß der kategorische Imperativ nicht als eine rationale Letztbegründung von Moral gelten kann. Was bleibt, ist nach MacIntyres Meinung dann Kierkegaards kriterienlose, absolute Wahl, die bloße Entscheidung. Unter der aufklärerischen Kritik war die bisherige traditionelle und religiös begründete Moralität als unbegründet entlarvt worden. Eine neue rationale Begründung war gescheitert. Seither »fehlte der Moral der uns vorausgegangenen Kultur – und anschließend auch unserer eigenen – jede öffentliche, gemeinsame logische Grundlage oder Rechtfertigung. In einer Welt profaner Rationalität konnte die Religion dem moralischen Denken und Handeln keinen solchen gemeinsamen Hintergrund und keine Grundlage mehr geben; und das Scheitern der Philosophie, das zu geben, was die Religion nicht mehr bieten konnte, war eine der wesentlichen Ursachen dafür, daß die Philosophie ihre zentrale kulturelle Rolle verlor und ein auf die akademische Welt beschränktes Randgebiet wurde.« (MacIntyre 1987 74)

Das Kernproblem ist der Verlust des Umfeldes der traditionalen Moralität. Kant hatte es noch im Blick gehabt, als er im zweiten Buch seiner »Kritik der praktischen Vernunft« Gott, Freiheit und Glück als höchste Stufe der Tugend ansah und damit den Spott Heinrich Heines auf sich zog. »Man löse die Moral aus diesem Zusammenhang, und man hat keine Moral mehr; oder zumindest hat man ihren Charakter radikal verändert.« (Ebd., 81) Wie Charles Taylor richtet MacIntyre seinen Blick also auf die Voraussetzungen. Taylor bleibt aber innerhalb der mit Kant und Hegel beginnenden Moderne und fragt nach den Voraussetzungen einer wohlgeordneten Gesellschaft. MacIntyre dagegen wendet seine Frage nach den Voraussetzungen von Moralität überhaupt zu einer Grundsatzkritik der gesamten Moderne. Die Art des Fragens ist verwandt, der Ausgangspunkt allerdings ist radikal verschieden und führt deshalb auch zu sehr unterschiedlichen Ergebnissen. An dieser Stelle dürfte klar sein, warum von Taylors Denken her politische Konsequenzen möglich und vorschlagbar sind, von MacIntyres Perspektivpunkt aus aber nicht; denn im Denken und Fragen kann man selbstverständlich weit hinter die Moderne zurückgehen, im politischen Handeln aber nicht. MacIntyre ist ein Gegner der Moderne überhaupt, nicht bloß des Liberalismus. Von allen Kommunitariern ist er, wie Barber diagnostiziert, derjenige, der am stärksten jenen Grundton der Verzweiflungspredigt und der unheilbaren Wehmut trifft, der ihnen so häufig vorgehalten wird (Barber 1988).

MacIntyres Rückgang hinter die Moderne ist übrigens außerordentlich konsequent. Bisher konnte es noch scheinen, daß seine Moralkritik in einer Reihe von Punkten nietzscheanische Züge habe. Es war in der Tat ein Verdienst Nietzsches, die Berufung auf die angebliche Objektivität moralischer Urteile als Ausdruck subjektiven Willens entlarvt zu haben – nach MacIntyre hat er dabei aber unzulässigerweise vom Zustand der Gegenwart auf das Wesen der Moral überhaupt geschlossen (MacIntyre 1987, 154). In diesem Sinne ist Nietzsche »*der* Moralphilosoph der Gegenwart« (ebd., 155). Die Stärke von Nietzsches Position hängt aber im Grunde »von der Richtigkeit einer einzigen zentralen These« ab, nämlich »daß alle rationalen Rechtfertigungen der Ethik offenkundig scheitern und daß *deshalb* der Glaube an die Dogmen der Ethik als ein Komplex von Rationalisierungen erklärt werden muß« (ebd., 159). Dieser Gedanke läßt sich aber mit dem Blick auf Aristoteles widerlegen, und deshalb entscheidet sich MacIntyre *gegen* Nietzsche und *für* Aristoteles. Dessen Philosophie ist die stärkste prämoderne Form moralischen Denkens. Im Mittelpunkt seiner Lehre stehen die Tugenden. Für ihn konnte es die moderne Trennung zwischen Sein und Sollen nicht geben. Ziel (*telos*) seiner Ethik war das Gute, *eudaimonia*, was soviel bedeutet wie Glück, Glückseligkeit, Erfolg. »Die Tugenden sind genau jene Eigenschaften, deren Besitz den einzelnen in die Lage versetzt, Eudaimonia zu erlangen, während ihr Fehlen seine Bewegung auf dieses Telos vereitelt.« (Ebd., 200) »Tugendhaft zu handeln heißt nicht, wie Kant später annehmen sollte, gegen die Neigung zu handeln; es bedeutet, aus einer Neigung heraus zu handeln, die durch die Pflege der Tugenden entsteht. Moralische Erziehung ist eine ›éducation sentimentale‹« (ebd., 201).

Diese Aristoteles-Interpretation ist einigermaßen eigenwillig, und MacIntyre macht auch hinreichend deutlich, daß es ihm nicht um eine philologisch korrekte Auslegung geht, sondern um ein Theoriemodell. Aristoteles wäre z.B. die Vorstellung ziemlich fremd erschienen, daß wir uns an eine bestimmte Denktradition anschließen sollten. Für ihn kam es einfach darauf an, ob ein Gedanke wahr oder richtig ist, und wenn ein älterer Gedanke richtig war, konnte man ihn übernehmen, ohne noch viel um eine besondere Denktradition besorgt zu sein. Im Grunde konnte man das vorausgegangene Denken vergessen, sobald man dessen richtige Einsichten übernommen hatte (ebd., 197). An diesen Punkt hat MacIntyre wie alle Hermeneutiker eine ganz andere Sichtweise. Für ihn ist der Mensch »ein Geschichten erzählendes Tier«, das sich die Frage stellt: »Als Teil welcher Geschichte oder welcher Geschichten sehe ich mich?« (Ebd., 288) Mythologie ist deshalb »das Herz aller Dinge« (ebd., 289). Wenn MacIntyre sich also zu Aristoteles bekennt, ist damit das Einrücken in den mit diesem Namen bezeichneten Überlieferungs- und Traditionszusammenhang gemeint.

Am besten läßt sich dieser Zusammenhang vielleicht charakterisieren durch die Überlegung, was eigentlich das »gute Leben« nach diesem Modell, wie MacIntyre es versteht, bedeuten soll. Ich erbe »aus der Vergangenheit meiner Familie, meiner Stadt, meines Stammes, meiner Nation eine Vielzahl von Schulden, Erbschaften, berechtigten Erwartungen und Verpflichtungen. Sie konstituieren das Gegebene meines Lebens, meinen moralischen Ausgangspunkt. Dies verleiht meinem Leben einen Teil seiner moralischen Besonderheit. Dieser Gedanke wird aus der Sicht des modernen Individualismus wahrscheinlich fremd oder sogar überraschend erscheinen. Aus der Sicht des Individualismus bin ich das, was ich zu sein gewählt habe.« (Ebd., 294) Der Amerikaner, der sagt: »Ich habe nie Sklaven besessen«, und deshalb jede Verantwortung für die Folgen der Sklaverei in seinem Land ablehnt, der Engländer, der erklärt, er habe nie ein Unrecht gegen Irland begangen, oder der junge Deutsche, der sich für die Judenverfolgung nicht mitverantwortlich fühlt, sind Beispiele für diese individualistische Haltung (ebd.). MacIntyre macht deutlich, daß in seiner Sicht die eigene Lebensgeschichte immer eingebettet ist in die Geschichte jener Gemeinschaft, aus der man seine Identität herleitet, auch wenn das Selbst keineswegs unbedingt »die moralischen Beschränkungen der Besonderheit jener Gemeinschaftsform anerkennen muß« (ebd., 295).

Konservativen wie Edmund Burke hält MacIntyre einen ideologischen Gebrauch des Begriffs Tradition vor – die heute üblichen konservativen Lehren sind in seiner Sicht genauso individualistisch und liberal wie die der deklarierten Liberalen. Er setzt dagegen den Begriff der »lebendigen Tradition« als einer sozial verkörperten und historisch erweiterten Argumentation (ebd., 296), d.h. er stellt nicht wie Burke die Tradition und das historisch Gewachsene dem Vernünftigen gegenüber, sondern er meint, es sprächen gute Argumente dafür, das Richtige und Vernünftige gerade in der alten Tugendtradition zu suchen. Er wendet sich deshalb gegen jede konservative Begeisterung für das Alte und plädiert für »die Tugend, das adäquate Gefühl für die Traditionen zu haben, denen man angehört oder die einem gegenübertreten.« (Ebd., 297) Mit diesem Begriff der lebendigen Tradition verstrickt er sich übrigens in einem doppelten Selbstwiderspruch. Einmal, weil er die Moderne als so verfallen geschildert hatte, daß in ihr eigentlich keine Tugendtradition und kein Gefühl für diese mehr lebendig sein kann, zum anderen, weil er eben doch aus dem Vergangenen nach Kriterien auswählt und damit, bewußt oder unbewußt, von außerordentlich modernen Prinzipien Gebrauch macht. Die Vorstellung, eine lebendige Tradition wählen zu können, ist an sich schon modern, weil sie nicht mehr jeden Alptraum der Vergangenheit unbefragt übernehmen muß. Er schlägt konsequenterweise auch eine Neuformulierung der aristotelischen Tradition auf eine Weise vor, »die die Verständlichkeit und Rationalität unserer moralischen und sozialen Haltungen und Verpflichtungen wiederherstellt« (ebd., 345). Damit allerdings gerät seine Position in ein unbestimmtes Schillern, was in seinen Schlußwendungen mehr als deutlich wird. Hier bekennt er sich zur »Schaffung lokaler Formen von Gemeinschaft, in denen die Zivilisation und das intellektuelle und moralische Leben über das neue finstere Zeitalter hinaus aufrechterhalten werden können«, zum Pessimismus des späten Trotzki und zu einem »zweifelsohne völlig anderen heiligen Benedikt« (ebd., 350). Selbst die kommunitarische Position bleibt also im Grunde nicht mehr als eine Schlußandeutung. John R. Wallach hat den Einwand erhoben, der Aristotelismus könne keine politische Konzeption sein, weil es sich um den Aristotelismus einer nicht mehr existierenden Gemeinschaft, der Polis, handelt, der ohne eine solche Einbettung in der Luft hängt.

Es fragt sich aber, ob sich Aristoteles nicht selbst in wichtigen Punkten von der klassischen Polis distanziert hat, so daß man durchaus moderne individualistische Züge in seinem Werk finden kann. Ich denke, es ist sehr viel plausibler, gegen MacIntyre einzuwenden, daß Aristoteles selbst keineswegs eine so substantielle Konzeption des Guten hatte, sondern durchaus von der Autonomie der moralischen Sphäre ausging. Für ihn ist Tugend nicht ein Mittel, um ein anders definiertes »gutes Leben« zu erreichen, sondern das gute Leben (*eudaimonia*) ist nichts anderes als die Ausübung von Grundtugenden wie praktische Klugheit (*phrónesis*),

Gerechtigkeit, Tapferkeit (durchaus auch im Sinne der heutigen Zivilcourage zu verstehen) und Besonnenheit. Die Kritik der Aufklärung richtete sich nicht so sehr gegen Aristoteles, sondern gegen die christliche Ethik, die die Moralität dem Glauben und dem Ziel der Erlösung unterwarf (Nussbaum 1993, 328). Die aristotelische Moral war durch ihre mittelalterliche Rezeption dabei mitbetroffen, sie erweist sich aber bei genauerer Lektüre nicht nur in diesem Punkt als immer noch auf interessante Weise aktuell. Insbesondere ist der Gedanke, daß Moralität ihren Wert in sich selbst trägt, keineswegs spezifisch modern, sondern gehört zum Kern des Aristotelismus. Selbst individualistische Züge sind bei Aristoteles auszumachen, wenn er etwa im 10. Buch der Nikomachischen Ethik das kontemplative Leben fern von der Gesellschaft, (den *bios theoretikós*) sowie die Muße als Enthaltung von öffentlichen Geschäften sehr deutlich dem zeitraubenden und das gesamte Engagement absorbierenden politischen Aktivismus vorzieht. So gesehen wäre dann die moderne Ethik Humes und Kants eher eine Wiederanknüpfung an die antike Tradition. Man könnte MacIntyre also vorwerfen, daß sich bei ihm, der einige Zeit auch Religionsphilosophie gelehrt hat, die mittelalterliche Aristoteles-Rezeption zu stark in den Vordergrund geschoben habe. Er sieht Aristoteles offenbar durch die Brille von Aurelius Augustinus und Thomas von Aquin. Dagegen sind die durchaus vorhandenen individualistischen und quasi modernen Züge antiken Denkens immer wieder Grund für dessen Renaissancen gewesen. Die Opposition gegen die christlich-mittelalterliche Tradition hat eben auch einen nicht unerheblichen Teil ihrer Argumente aus der Lektüre der antiken Klassiker bezogen.

Das Thema des Patriotismus ist für den aus Irland eingewanderten Amerikaner Alasdair MacIntyre mindestens ebenso wichtig wie für Charles Taylor, den englischsprachigen (und hervorragend französisch sprechenden) Kanadier aus Quebec. Im 19. Jahrhundert war für beinahe jedermann klar, daß Patriotismus eine Tugend sei, seit den sechziger Jahren unseres Jahrhunderts wird er durchweg als Untugend angesehen (MacIntyre 1993, 84). Gemeint ist mit Patriotismus eine loyalitätsbezeugende Haltung, wie man sie ähnlich auch gegenüber der Ehe, der eigenen Familie, der Freundschaft oder etwa Institutionen wie der eigenen Schule, Clique oder dem eigenen Sportklub einnehmen kann. Es handelt sich um »eine Wertschätzung, die auf einer bestimmten geschichtlichen Verbindung« der eigenen Person mit dieser Institution beruht. So verstanden ist er »nicht nur eine Tugend, sondern auch eine Untugend, denn ein so verstandener Patriotismus ist mit der Moral unvereinbar« (ebd., 86). Die Loyalität zur eigenen Nation oder Gruppe besteht ja offenkundig nicht deshalb, weil diese besondere Vorzüge besitzt, z.B. die Kultur oder die Zivilisation verkörpert, wie Max Weber und Emile Durkheim das im Ersten Weltkrieg für Deutschland und Frankreich gegeneinander behaupteten, oder die Freiheit gegen den Kommunismus verteidigt, wie viele Amerikaner das annahmen, sondern einfach so. Vorausgesetzt jedenfalls, man geht von dem in unserer Kultur vorherrschenden Moralbegriff der Neutralität und Impersonalität aus. Denn in »wichtigen Situationen« geraten Moral und Patriotismus in Konflikt, z.B. in »Konflikten über Lebensweisen zwischen Nationen oder anderen Gemeinschaften« oder gar im Krieg. Der Patriot würde dann Partei ergreifen, obwohl er vom Standpunkt der Moral aus die Position eines unabhängigen Richters beziehen müßte (ebd., 89).

Von MacIntyres Moralverständnis aus betrachtet, sähe dieses Problem vollkommen anders aus. In seiner kommunitarischen Sicht kann der Patriotismus als Tugend gelten, wenn man drei Annahmen akzeptiert:

»1. Ich kann die Regeln der Moral nur in der Version aufnehmen, wie sie in einer bestimmten Gemeinschaft verkörpert sind.
2. Die Moral muß in Begriffen bestimmter erstrebenswerter Güter

gerechtfertigt werden, die innerhalb des Lebens bestimmter Gemeinschaften genossen werden können.
3. Ich werde typischerweise nur durch die besonderen Arten moralischer Unterstützung, die mir meine Gemeinschaft gewährt, zum moralisch Handelnden.« (Ebd., 92 f.)

Ohne Gemeinschaft wäre bei diesen Voraussetzungen gar kein eigenes moralisches Handeln möglich. Die Loyalität zur eigenen Gemeinschaft wäre dann eine Bedingung der Moral. Hier liegt ein wesentliches Problem, denn damit wären wenigstens einige grundlegende Strukturen der Gemeinschaft der Kritik enthoben, und der Patriotismus müßte als eine im Kern irrationale Haltung gelten. Auf diesen Selbsteinwand anwortet MacIntyre folgendermaßen: Er definiert die Nation als ein Projekt (ebd., 96), deren grundsätzlichen Zielen der Patriot verbunden sein sollte, nicht aber dem status quo, der momentanen Regierung und der Politik der jeweiligen Machthaber. Deshalb hält er es für vollkommen gerechtfertigt, wenn ein Patriot den Umsturz plant, wie es Adam von Trott zu Solz gegen Hitler tat, oder wenn er, wie Charles de Gaulle, eine Gegenregierung ausruft. Aber auch in diesen Fällen bleibt die Nation der Bezugspunkt. Das gilt auch für die Nachgeschichte: Nur ein Verständnis für die narrative Dimension der eigenen Vorgeschichte kann mir klarmachen, »für welche Verbrechen meiner Nation ich Wiedergutmachung leisten muß« (ebd., 99). Einschränkend erklärt MacIntyre allerdings, daß ein Patriotismus, wie er ihn sich vorstellt, nicht möglich wäre in einem Staat, der seine eigene Geschichte systematisch verleugnet und umschreibt, oder in einer Nation, »in der die geschichtlichen Bindungen nicht die wirklichen Bindungen der Gemeinschaft wären« (ebd.) – in einem solchen Umfeld wäre Patriotismus in der Tat eine irrationale Haltung, und das Projekt dieser Nation wäre dann letztlich gescheitert.

Der liberale Einwand, das Projekt der Nation könne vor einer notwendigerweise universalen Moral nicht bestehen, ist damit jedoch keineswegs außer Kraft gesetzt. Es hat aber einen notorisch wunden Punkt: Der Appell, die universale Rationalität über die eigenen Interessen zu stellen, liefert gemeinhin keine ausreichende Motivation, dies auch wirklich zu tun. Die gesellschaftlichen und moralischen Bindungen werden so, statt sie mühsam zu unversalisieren, einer Auflösung durch rationale Kritik preisgegeben – genauso, wie auf der anderen Seite die universale Moralität durch gruppen- und nationalstaatsegoistische Haltungen gefährdet wird. Die Positionen stehen also spiegelbildlich zueinander, »und eine jede Partei ist in der Tat gegenüber der anderen im Recht« (ebd., 101).

Der Patriotismus, gerade auch in seinen herkömmlichen, nicht universalisierbaren Formen, ist ein immer wiederkehrendes Grundthema der Kommunitarier. Das Argument allein aus der Herkunft und der Selbstwerdung innerhalb einer bestimmten Gemeinschaft reicht aber nicht aus, um eine Bindung an diese zu rechtfertigen. Man hat sie sich ja nicht ausgesucht, kann von ihr geschädigt und beschädigt worden sein, kann sie hassen und verachten gelernt haben. Aus der Geschichte folgt zunächst einmal noch keine plausible Bindung – außer man lebte in einer wirklich vormodernen Welt ohne jede Alternative. Es gibt auf dieser Ebene auch keinen wirklich überzeugenden Grund, sich zu den Untaten und Verbrechen der eigenen Nation zu bekennen – ich kann sie erkennen, verurteilen und mich einer anderen anschließen, dadurch in einen anderen Geschichtszusammenhang eintreten und auf diese Weise, für mich selbst, aus meiner individuellen Perspektive, vollkommen neu beginnen. Das ist der Weg, den viele Emigranten des vorigen und unseres Jahrhunderts, übrigens auch aus durchaus trivialeren Motiven, gegangen sind. Die Erinnerungen an die ursprüngliche Nationalität sind dann allenfalls noch interessant und sentimental, aber ohne wirkliche Bedeutung, wie bei vielen Nachkommen deutscher Einwanderer in den USA, deren Loyalität im Ersten wie im Zweiten Weltkrieg ihrem neuen Heimatland gehörte.

Zur Rechtfertigung und Begründung der bewußten und folgenreichen Zugehörigkeit zu einem Nationalstaat gibt es aber ein anderes, ein universalistisches Argument, das unserem Lebensgefühl und den heutigen Bedingungen von Emigration und Bevölkerungsfluktuation besser entspricht: Zur demokratischen Selbstbestimmung gehört eine staatliche Organisationsform, in der klar ist, wer an den Abstimmungen beteiligt ist und wer nicht dazugehört. Daraus resultiert die Notwendigkeit, einer funktionalen staatlichen Organisationsform zuzugehören, die in demokratischen Zeiten immer in Gesalt einer Nation aufgetreten ist – und sei es die multikulturelle amerikanische oder schweizer oder die multinationale künftig vorstellbare europäische Nation. Diese Überlegung schließt den individuellen Wechsel von einer Nation zur anderen nicht aus. Der einzelne hat dann eine Wahlmöglichkeit zwischen verschiedenen Bindungen und kann seine individuelle Geschichte mehr als einer Nation zuordnen – das Funktionieren der demokratischen Organisation selbst aber ist dann abhängig von der Existenz von Nationalstaaten. MacIntyres Sorge, daß ansonsten die Bereitschaft, in den Krieg zu ziehen, nicht mehr gewährleistet wäre, war gerade die republikanische Hoffnung und auch die Immanuel Kants, nämlich daß nach ihrem freien Willen selbstregierte Völker nicht bereit seien, gegeneinander Krieg zu führen. Was aber die Verteidigung gegen mögliche Unterdrückung der eigenen Selbstbestimmung von außen angeht, haben die Kommunitarier recht: Sie wird nur dann und solange stattfinden, solange noch ein Bürgersinn vorhanden ist, der die gemeinschaftliche Freiheit der Selbstregierung über das Leben stellt. Je bürokratisierter und unübersichtlicher die modernen Staatsorganisationen werden, um so weniger wahrscheinlich wird eine derartige Bereitschaft. Auch hier kann der Punkt erreicht werden, wo die Verteidigung der Freiheit allein dem Individuum und den moralischen Ressourcen des Individualismus überlassen bleibt: Der Kampf Andrej Sacharows, Václav Havels und der tschechischen Charta 77 hat in dieser Richtung einige Vorbilder geliefert, und die westliche Diskussion um bürgerlichen Ungehorsam und zivilen Widerstand schlägt hier die Erprobung entsprechender Modelle vor. In einer einigermaßen funktionierenden Gesellschaft wirken Appelle an den Verfassungspatriotismus immer blutleer und motivationsschwach. Erst im Konfliktfall zeigt sich, ob diese Potentiale des aufgeklärten und seiner selbst bewußten liberalen Individualismus auch politisches Gewicht gewinnen können. Aber ist das anders bei den traditionalen Gemeinschaften? Können sie nicht auch wie Hamlets verrottetes Dänemark an den auswärtigen Eroberer fallen, weil sie gerade aufgrund der Faktoren, die MacIntyre aufgezeigt hat, die Gründe für ihren Zusammenhalt längst vergessen haben und deshalb im Falle einer nachhaltigen Drohung oder auch nur beim Auftreten einer ordnenden Übermacht von außen schnell in sich zusammenstürzen?

5. Gewohnheiten des Herzens: Robert Bellah und sein Team

Das neuere kommunitarische Denken hat nicht nur eine philosophische Seite, die man als theoretische und praktische Liberalismuskritik bezeichnen kann, sondern auch eine soziologische. Eine Gruppe von Soziologen um Robert Bellah hat in einer großangelegten Feldstudie erforscht, beschrieben und mit kommunitarischen Begriffen kritisiert, was die Leute in Amerika über das Gemeinschaftsleben denken: »Habits of the Heart. Individualism and Commitment in American Life« (Bellah et al. 1986; dt. 1987). Wenige Jahre vorher noch wäre der Titel »Gewohnheiten des Herzens« jedem ordentlichen Soziologen als zu weich erschienen. Er stammt von Alexis de Tocqueville aus seiner Schrift »Über die Demokratie in Amerika«. Tocqueville hatte gezeigt, wie Familienleben, Religion und Partizipation an lokaler Politik Gesellschaft und Charakter in Amerika prägten und Sitten im Sinne der antiken »mores« ausformten, die einen wesentlichen Anteil an der dauerhaften Erhaltung der demokratischen Strukturen hatten. Die Feldstudie des amerikanischen Soziologenteams beruht auf Tiefeninterviews mit über 200 Personen, die in den Jahren 1979 bis 1984 durchgeführt wurden. Das Buch wirkte dadurch so eindrucksvoll und unmittelbar, daß einige der befragten Personen ausführlich und durchgängig mit ihrem Namen zitiert wurden, so daß der Leser den Eindruck haben konnte, zu ihm spreche der amerikanische Normalbürger.

Robert Bellah und seine Forschergruppe konstatierten in den USA eine öffentliche *Kultur der Trennungen* sowie eine Grundhaltung des Konkurrenzkampfes, deren Glück und Freude darin besteht, den zu überholen, der einen Platz vor einem steht, und über die zu lachen, die absinken. Das jedenfalls ist das Bild, das die Fernsehserien und die simplen Lehren der alltäglichen Businessethik vermitteln (Bellah 1987, 277). Gleichzeitig ist diese Kultur das Ergebnis jenes Individuations- und Trennungsprozesses der Neuzeit, den bereits John Donne 1611 eindrucksvoll charakterisiert hat:

> »Alles zerstückt, aller Verbindung bar;
> Alles nur Ware und Beziehung gar;
> Fürst, Bürger, Vater, Sohn, sind Dinge ganz vergessen,
> Denn jedermann für sich will sich vermessen
> Phönix zu sein und daß dies keiner mehr
> Von seinesgleichen könne als nur er.«
> (Zit. nach: Bellah 1987, 313 f.)

Als weiteren Beleg zitieren die Autoren Matthew Arnolds Gedicht »To Marguerite« aus dem Jahre 1852:

> »in the sea of life enisled (...),
> We mortal millions live alone«

sowie die Äußerungen einiger zeitgenössischer Philosophen (ebd., 376). Soweit der poetisch-ideologische Befund. Bei ihren Feldstudien jedoch haben sich ganz andere Ergebnisse ergeben. Die angeblich so selbstsüchtige, narzißtische »Ich-Generation«, die ihr Leben ausschließlich dem persönlichen Ehrgeiz und der Karriere widmet, war unauffindbar. Was sie statt dessen fanden, war die Sprache des Individualismus, die in Amerika zweifellos die vorherrschende Sprache der Selbstverständigung ist. Aber in dieser Sprache wird immer wieder ein großes Verlangen nach Zusammenhalt ausgedrückt. Das zeigt sich vor allem in vier Punkten:

- Fast alle Interviewpartner äußerten eine Sehnsucht nach der idealisierten Kleinstadt, wie sie das öffentliche Bewußtsein im 19. Jahrhundert geprägt hat (ebd., 282).
- Viele waren Anhänger von ernsthaften, teils gar asketischen Praktiken, Trainings, Disziplinen oder gar Religionen der Selbstkultivierung, vom Aerobic bis zum Zen-Buddhismus. Dabei scheint es um mehr zu gehen als um kühle, technische Selbstmanipulation: nämlich um Formen der Selbstüberschreitung.
- Die romantische Liebe wird immer noch stark idealisiert und soll offenbar eine Gegenwelt der Intensität gegen die kühle Sphäre der Professionalität darstellen.
- Vieles, was abschätzig »Konsum« genannt wird, ist bei näherem Hinschauen als der Versuch zu erkennen, sich zusammen mit jemandem anderen einen schönen Platz zum Leben einzurichten, schöne Orte zu besuchen, an denen man Kunstwerke betrachten oder einfach in der Sonne liegen und schwimmen kann. All das bleibt oft im »kleinen Kreis der Familie und Freunde«, den schon Tocqueville als typisch amerikanische Form der Selbstverwirklichung beschrieben hat, ist aber doch eine Anstrengung, über das enge eigene Selbst hinauszuwachsen (ebd., 291).

Nimmt man diese Ansätze zusammen, kann man mit Robert Bellah und seinem Team darin die Chance einer neuen *Sozialökologie* erkennen, die versucht, die oft zerbrechlichen und zu verschwinden drohenden Elemente zwischenmenschlichen Zusammenhalts zu erhalten und zu pflegen. So wie die industrielle Moderne zerstörerische Konsequenzen für die natürliche Ökologie hatte, so hat sie auch auf die empfindlichen Verbindungen der Menschen untereinander verheerende Auswirkungen gehabt und sie »vereinzelt und voller Ängste zurückgelassen«, wie es in der Studie heißt (ebd., 284).

Mehrere Jahrhunderte waren geprägt von einer großen

Anstrengung, die individuellen Freiheitsspielräume zu erweitern. Was dabei auf jeder Stufe zu kurz kam – von der Weltgesellschaft der Staaten über das eigene Land bis hin zur Gemeinde und Familie –, war die Integration, die Zusammenführung, die Gemeinsamkeit. Inzwischen bedroht die extreme Fragmentierung der modernen Welt auch die Individualität und macht die einzelnen zu Kampfrobotern der Konkurrenz (ebd., 285). Es ist kein Zufall, daß diese neue Sozialökologie sich in den Reagan-Jahren herausgebildet hat: sie ist das Gegenbild zu der dort gepredigten Haltung der hemmungslosen Selbstbereicherung.

Seismographisch haben diese Soziologen aufgedeckt, daß der Reaganismus in der Phase, als sie ihre Erhebungen anstellten, zwar die öffentliche und Medienmoral gewesen sein mag, daß die meisten Amerikaner aber anders dachten und empfanden. Für Bellah und sein Team war die Bürgerrechtsbewegung, die die rechtliche Gleichstellung der schwarzen Amerikaner durchsetzte, ein Versuch, die soziale Welt zu rekonstituieren. Sie ist allerdings nur den halben Weg gegangen, denn sie hat ja nicht wirklich auch die soziale Position der Schwarzen verbessert. Dazu wäre mehr als formale Gleichberechtigung erforderlich, nämlich genau der Wandel in der sozialen Ökologie, von dem eben die Rede war.

Bellah und seine Kollegen halten es für »evident, daß ein dünner politischer Konsens, der weitgehend auf Verfahrensangelegenheiten beschränkt ist, kein kohärentes und effektives politisches System tragen kann« (ebd., 287). Sie sehen zwar das liberale Argument, daß die Suche nach einem substantielleren Konsens innerhalb der Gesellschaft auch mehr Konfliktstoff produziert und sogar zu unakzeptablen Konflikten führen könnte. »Wenn wir aber den Mut hätten, unsere sich zuspitzenden politischen und ökonomischen Probleme wirklich ins Auge zu fassen, könnte sich ergeben, daß mehr Basiskonsens vorhanden ist, als wir uns vorgestellt hatten.« (Ebd.) Deshalb suchen sie nach einer neuen politischen Atmosphäre, in der »die Strafen für Mißerfolg und die

Prämien für den Erfolg« (ebd., 287) geringer ausfallen als zur Zeit. Ihre »Rekonstruktion der sozialen Welt« nennt andere klassische Motive herkömmlicher Sozialkritik, wie z.B. die Wiedererweckung des Gedankens einer Arbeit, die in sich interessant, befriedigend und wertvoll ist, die also einer Berufung entspricht. Die Vorteile der Automation könnten, statt in den Händen weniger zu verbleiben und die übrigen zu Robotern zu degradieren, dazu benutzt werden, in sich wertvolle Arbeit wiederzubeleben, wie z.B. Handwerke und soziale Dienste. Sie plädieren ebenfalls dafür, die Spaltung zwischen Arbeit und Familie, Privatleben und Öffentlichkeit, die über ein Jahrhundert lang gewachsen ist, abzubauen, und das Arbeitsethos harmonischer und weniger konkurrenzorientiert zu gestalten (ebd., 288). Selbst das Management könnte nach diesem stark sozialutopischen Gemälde wieder ein Beruf im alten Sinne werden, d.h. nicht nur Standards der Effizienz gehorchen, sondern auch der öffentlichen Verpflichtung, so daß Unternehmensethik mehr als eine bloße Werbestrategie wäre. Die »Gewohnheiten des Herzens« münden also am Schluß, ganz gegen den eher kühlen und distanzierten Geist Alexis de Tocquevilles, in eine Art religiöser Predigt gegen die »Armut des Wohlstands« (ebd., 294 ff.). Es ist eine Predigt für moralisch engagierte soziale Bewegungen, die von republikanischen und biblischen Gefühlen inspiriert sind, eine an den protestantischen Theologen Paul Tillich erinnernde Forderung, uns darauf zu besinnen, »daß wir uns nicht selbst geschaffen haben, daß wir unsere Existenz den Gemeinschaften schulden, die uns geformt haben, und der Struktur der Gnade in der Geschichte, die solche Gemeinschaften möglich gemacht hat« (ebd., 295). Diese Gemeinschaften müssen geschützt werden vor der »Tyrannei des Marktes«, gegen das ständige Vordringen kapitalistischer Sozialbeziehungen in immer neue gesellschaftliche Bereiche. »Eine Wirtschaftsideologie, die Menschen zu unablässigen Markt-Maximatoren verwandelt, unterminiert ihr Engagement in Familie, Kirche, Nachbarschaft und

Schule und für die großen staatlichen und globalen Gesellschaften.« (Bellah 1992, 60) Insbesondere der gegenwärtige Zustand der amerikanischen Städte ist für sie ein Beispiel für die Vernachlässigung des Gemeinwohls zugunsten rücksichtsloser individueller Profitmaximierung.

In der Selbsteinschätzung des Autorenteams ist diese Vision »weder konservativ noch liberal in den Begriffen des verkürzten Spektrums des amerikanischen politischen Diskurses, obwohl sie offen dafür ist, von der Weisheit dieser Gesellschaften zu lernen. Sie lehnt die moderne Kritik aller Traditionen nicht ab, aber besteht im Gegenzug gegenüber der Kritik darauf, daß das menschliche Leben zwischen Glaube und Zweifel gelebt wird. Eine solche Vision entsteht nicht allein aus den Theorien der Intellektuellen, sondern auch aus Lebensweisen, die von Amerikanern schon praktiziert werden.« (Bellah 1987, 296) Aus deutscher Sicht dürfte diese stark christlich inspirierte sozial- und wohlfahrtspolitische Position am ehesten den Sozialausschüssen der CDU und vielleicht einigen christlich motivierten Grünen entsprechen. In den USA, wo die parteipolitischen Strukturen vollkommen anders sind, war mit einem solchen Denken auf jeden Fall eine Oppositionshaltung zur Reagan-Ökonomie verbunden. Vor allem aber: »Habits of the Heart« traf auf eine breite Grundstimmung der amerikanischen Öffentlichkeit und wurde ein Bestseller, der die Debatte für einige Zeit prägte wie einstmals David Riesmans »Die einsame Masse« (1950) oder Christopher Laschs »Die Kultur des Narzißmus«. Sehr bald wurden aber auch die Grenzen dieses Buches bemerkt. So überzeugend es die Welt der Nachbarschaft, der Stadtviertel und des kommunalen Engagements angesprochen hatte, so klar war doch auch, daß es sich bei den befragten Personen auf weiße Amerikaner aus der Mittelklasse konzentriert hatte, daß Amerikaner anderer Hautfarbe und Besitzlose jedoch nicht vorkommen. Der Grund: »Wir glauben (...), daß die mobilen Mittelklassen die Realität für die meisten von uns in den Vereinigten Staaten definieren.« (Bellah 1987, 306) So anstößig dieser Gedanke erscheinen mag, so zutreffend ist es, daß der öffentliche Diskurs um das amerikanische Selbstverständnis von ihnen bis heute dominiert wird. »Gewohnheiten des Herzens« ist deshalb nicht als empirische Studie zu lesen, sondern als normative Arbeit, die aber nicht nur einige Wissenschaftler zu Worte kommen läßt, sondern eine breite Schicht von Bürgern, denen diese Wissenschaftler soziale Definitionskompetenz zubilligen und auch wünschen.

Angesichts einer solchen nach sozialwissenschaftlichen Standards fragwürdigen Empirie ist es angezeigt, doch einmal einen Blick auf eine tatsächliche empirische Erhebung zu werfen, nämlich Claude S. Fischers »Ambivalent Communities« (Fischer 1991). Nach dieser Studie sind die Bindungen an lokale Gemeinschaften seit 1945 eher enger geworden. Der Wohnungswechsel ist seit dem Zweiten Weltkrieg rückläufig. Wenn man sozialhistorischen Untersuchungen glauben kann, war er im 19. Jahrhundert doppelt so hoch wie heute. Dadurch ist die Tendenz, sich in lokalen Zusammenhängen zu engagieren, möglicherweise gewachsen. Gleichzeitig leben proportional mehr Amerikaner in Einfamilienhäusern in relativ überschaubaren Vorstadtgemeinden. Auch das ist ein Grund für größeres lokales Engagement. Als dritter Faktor kommt die Entwicklung sozial relativ homogener Nachbarschaften hinzu sowie ein hoher Grad Wohnungseigentum, auch wenn es sich in den letzten 15 bis 20 Jahren nicht ausgeweitet hat.

Auf der anderen Seite hat die zunehmende Trennung von Wohnung und Arbeitsplatz auch zu gewissen Auflösungserscheinungen der lokalen Verbundenheit geführt. Die Zahl der Haushaltsmitglieder sinkt, das Familienleben spielt sich nicht mehr unbedingt in der unmittelbaren lokalen Umgebung ab, sondern man besucht sich gegenseitig über weite Distanzen. Telefon, Autos und billige Flugtickets ermöglichen es, soziale Bindungen über weitere Distanzen zu halten, als es noch die Generation der Großeltern konnte. Dieser Aspekt der Trennung von kommunalen Bindungen ist zwar rational unmittelbar nachvollziehbar. Claude Fischer hat dafür aber keine wirklich überzeugenden empirischen Belege gefunden. Vermutlich sind also alle diese Faktoren wirksam, wirken aber weniger intensiv, als man sich üblicherweise vorstellt.

»Die meisten städtischen Amerikaner leben in den kleinen Vorstädten, die das Zentrum umgeben, und sie sind die besser ausgebildeten, die wohlhabenderen und die weißeren städtischen Amerikaner.« (Fischer 1991, 88) »Amerikanische Ideologien der Gemeinschaft malen die Örtlichkeit, insbesondere die kleine, als einen Ort der Kameradschaft, im Kontrast zum Atomismus der großen, besonders der städtischen Welt.« (Ebd., 89) Hier liegen die soziologischen Wurzeln der Rede von der Gemeinschaft.

Trotz der empathischen Sprache vor allem in den Schlußkapiteln von »Habits of the Heart« mit ihrer Sehnsucht nach dem Beruf als Berufung, nach der Wiederbelebung des Handwerks usw. möchte diese Studie nicht als Manifest der Nostalgie gelesen werden. Gerade weil der Begriff »Gemeinschaft« diese Anklänge mit sich trägt, betonen die Autoren, daß sie nicht die Flucht vor moderner Komplexität anstreben oder irgendwelchen Mythen einer organischen Gemeinschaft kleiner Gruppen nachhängen (Bellah 1988, 274). Christopher Lasch hat diesen Gedanken in seinem Kommentar zu »Habits of the Heart« zu der an Hans-Georg Gadamer orientierten Überlegung ausgebaut, daß wir in eine Konversation mit der Vergangenheit treten müssen und daß es darauf ankommt, eine politische Konzeption der Gemeinschaft als öffentliche Konversationsgemeinschaft, nicht als organische oder sentimentale Einheit zu entwickeln (in: Reynolds/Norman 1988, 178 f.). Eine solche Gemeinschaft kann man auch als »Gemeinschaft der Erinnerung« bezeichnen: Es handelt sich um eine Gruppe von Menschen, die sozial voneinander abhängig sind, die sich gemeinsam an Diskussionen und Entscheidungsfindungen beteiligen und die bestimmte soziale Praktiken teilen, die die Gemeinschaft konstituieren (Bellah 1987, 333 ff.). Die kommunitarische Konzeption darf nach Lasch nicht antipolitisch sein, wie sie es herkömmlicherweise gewesen ist, andernfalls wird sie verdächtig bleiben, so sehr sie auch an starke selbstkritische Impulse einer individualistischen Konkurrenzgesellschaft appelliert.

Besonders auffällig an »Habits of the Heart« ist der starke religiöse Unterton und die häufige Berufung auf die biblische Tradition. Dieser Begriff wird gewählt, um über die anfangs protestantische Orientierung der amerikanischen Kultur hinaus die katholischen und jüdischen Einflüsse mit berücksichtigen zu können. Schon im Jahre 1967 hatte Robert Bellah an den feierlichen und pathetischen Formeln wichtiger Präsidentenreden von John F. Kennedy bis zurück zu George Washington die amerikanische Zivilreligion beschrieben. Immer wieder finden sich Formeln wie »Denn ich habe vor euch und dem allmächtigen Gott denselben feierlichen Eid geschworen« oder »Dabei bitten wir um seinen Segen und um seine Hilfe, im Bewußtsein, daß hier auf dieser Erde Gottes Werk von uns selbst getan werden muß« (John F. Kennedy am 20. Januar 1961) oder »Es wäre höchst unschicklich, in diesem ersten offiziellen Akt zu versäumen, das allmächtige Wesen, das über das Universum herrscht, (...) inständig darum anzuflehen« usw. (George Washington, 30. April 1789). Ganz selbstverständlich hat sich auch Bill Clinton hier angeschlossen und erklärt: »Heute müssen wir einen neuen Bund schließen« (seine New Covenant Rede vom 23. Oktober 1991). Das alles ist gewiß zeremoniell und rituell, aber wir wissen inzwischen genug über die Funktion von Ritualen für den Zusammenhalt einer Gesellschaft. Besonders auffällig ist, daß nirgendwo in diesen Reden auf eine bestimmte Religion Bezug genommen wird, weder auf Jesus Christus noch auf Moses noch auf die christliche Kirche. In diesem Sinne handelt es sich um eine wirkliche Zivil- oder Bürgerreligion, die weniger, wie etwa Otto Kallscheuer meint (Kallscheuer 1992b), vom Christentum geprägt ist oder einer bestimmten Konfession oder Sekte zuzurechnen wäre. In den USA, die Harold Bloom »postchristlich« nennt (Bloom 1992), ist Religion radikaler als in den meisten anderen Ländern der Welt ausschließlich Privatsache.

Der Begriff »Zivilreligion« (*religion civile*) stammt aus Rousseaus »Gesellschaftsvertrag«. Er hielt es für notwendig, daß das Staatsoberhaupt für die diesseitige Welt (für das Jenseits war es bei ihm nicht zuständig) ein rein bürgerliches Glaubensbekenntnis festlegen sollte, das die allgemeinen Ansichten enthielt, »ohne deren Befolgung man weder ein guter Bürger noch ein guter Untertan sein kann«. Sie sollten »einfach, gering an Zahl und bestimmt ausgedrückt sein und keiner Auslegungen und Erklärungen bedürfen«. Zu den Dogmen dieser bürgerlichen Religion zählte Rousseau so anspruchsvolle und extravagante Sätze wie »das Dasein einer allmächtigen, weisen, wohltätigen Gottheit, einer alles umfassenden Vorsehung; ein zukünftiges Leben, die Belohnung der Gerechten und Bestrafung der Gottlosen, die Heiligkeit des Gesellschaftsvertrags und der Gesetze« (Rousseau 1968, 193). Immerhin war der einzige negative Glaubenssatz das Verbot der Intoleranz.

Für die USA war es wie bei so vielen prägenden und charakteristischen Analysebegriffen Alexis de Tocqueville, der feststellte, das Land werde von Menschen bevölkert, »die, nachdem sie die Autorität des Papstes abgeschüttelt hatten, keine andere religiöse Oberhoheit anerkannten: Sie nahmen in die Neue Welt eine Form des Christentums mit, die ich nicht anders benennen kann als eine demokratische und republikanische Religion.« (Tocqueville 1984, 311)

Diese Art von Zivilreligion war nicht antiklerikal oder diesseitig wie die Vernunftreligion, die im revolutionären Frankreich kurzzeitig propagiert wurde, sondern bot weitgehende Identitätsmöglichkeiten und eine vereinheitlichende politische Symbolik, die etwa am Erntedankfest, am Memorial Day (dem Gedenktag an die im Krieg Gefallenen), am Unabhängigkeitstag und vielleicht noch für Schulen an den Geburtstagen George Washingtons und Abraham Lincolns zelebriert werden konnte (Bellah 1986a, 32). »Hinter der Zivilreligion stehen überall biblische Archetypen: Exodus, das auserwählte Volk [Lincoln sprach vom »beinahe auserwählten Volk«], das gelobte Land, das Neue Jerusalem, der Opfertod und die Wiedergeburt.« Aber sie hat auch »ihre eigenen Propheten und ihre eigenen Märtyrer, ihre eigenen Feiertage und Heiligtümer, ihre eigenen feierlichen Rituale und Symbole« (ebd., 38).

Bellahs Hoffnung, daß in der Zivilreligion ein Gegenmittel gegen Korruption und Verfall der Republik liegen könnte, vollzieht zu eng und zu unkritisch den Schritt von der Diagnose und Beschreibung zur gläubigen Nachfolge. Vermutlich verführt ihn eine Art von Wunschdenken dazu, ihre soziale Leistungsfähigkeit und auch ihren derzeitigen tatsächlichen Einfluß zu überschätzen. Für Rousseau stand es noch außer Frage, daß für den Zusammenhalt der Gesellschaft irgendeine Art von Religion unverzichtbar sei – in diesem Sinne hat übrigens auch Präsident Eisenhower gesagt: »Unser Regierungssystem ist sinnlos, wenn es nicht auf einer tiefempfundenen religiösen Überzeugung beruht – und mir ist es egal, was für eine Überzeugung das ist!« (Nach: ebd., 21) Aber aus heutiger Sicht sind alle Punkte, die Rousseau als unverzichtbare Grunddogmen aufgelistet hatte, vollkommen entbehrlich. Vielleicht hat ja doch der deutsche Politikwissenschaftler Wolfgang Fach recht, wenn er meint, die biblischen und patriotischen Aufwallungen lieferten nur den kleinen Leuten Stoff, um Flaggen zu verbrennen oder sich über verbrannte Flaggen zu empören, um Kunstwerke für obszön zu erklären oder die Obszönität als ultimativen Ausdruck der Meinungsfreiheit standhaft zu verteidigen, während in der großen Politik kühle Opportunisten mit handfesten Interessen agieren. Jürgen Gebhardt allerdings, einer der besten Kenner der komplexen Zusammenhänge von politischer Kultur und Zivilreligion in den USA, die er unter dem Begriff »Amerikanismus« zusammenfaßt, kommt zu einem anderen Ergebnis. Der Amerikanismus ist für ihn ein in den Grundstrukturen erstaunlich stabiles Paradigma prägender Ideen, die als »amerikanisches Credo«, liberale Tradition, Republikanismus oder eben Zivilreligion das Traditionsfundament und die normative Letztbegründung der amerikanischen Existenz liefert (Gebhardt 1990, 6). Lincoln hat dies in seiner kurzen Gettyburger Gefallenenrede von 1863 in bis heute prägender Weise zusammengefaßt:

»that from these honored dead we take increased devotion to that cause for which they gave the last full measure of devotion – that we here highly resolve that these dead shall not have died in vain, that this nation under God, shall have a new birth of freedom – and that government of the people, by the people, for the people, shall not perish from earth.«

Nach Gebhardt herrscht in den USA ein Wechsel zwischen wertbezogener Gewissenspolitik und der normalen Politik der Interessendurchsetzung, in der die ethischen Motivationen »gleichsam unter die gesellschaftliche Bewußtseinsschwelle« absinken (ebd., 11). Auf Dauer wird der dazu nötige Zynismus, die dazu erforderliche kognitive Dissonanz aber unerträglich, und das wertkonservative Gewissen beginnt sich wieder zu regen. »Dieser dauernde Widerspruch zwischen dem bürgerzentrierten Ethos des Amerikanismus und der gesellschaftlichen Realität prägt die Zyklen der Politik in der amerikanischen politischen Kultur, in denen strukturkonservative Anpassung und wertkonservative Reform einander ablösen, was ›einem steten Wechsel im nationalen Engagement zwischen öffentlicher Zielsetzung und privatem Interesse‹ in den Worten Arthur M. Schlesingers gleichkommt.« (Ebd., 18) Die Zahlen sprechen für Gebhardts Deutung, denn noch immer nehmen »86 Prozent der Amerikaner in ihrem persönlichen Leben die Religion für wichtig, 94 Prozent glauben an Gott und 71 Prozent an ein Leben nach dem Tode« (ebd., 12). Entsprechend haben sich über 80 Prozent der Amerikaner in den 80er Jahren mit Stolz zu ihrem Land und zu ihrem politischen System bekannt (ebd. 15). Diese Bindungs- und Bekenntnisintensität geht weit über das hinaus, was aus anderen westlichen Demokratien bekannt ist, und stellt unser allzuschnelles Vorurteil in Frage, daß es mit der Religiosität heutzutage doch nicht mehr so ernst sein könne. Es steht damit heute wohl immer noch so, wie es Alexis de Tocqueville mit einer Mischung von diplomatischer Eleganz und Direktheit formulierte, die wohl nur im Zeitalter Heinrich Heines möglich war: »Ich weiß nicht, ob alle Amerikaner an ihre Religion glauben, denn wer kann in den Herzen lesen? Ich bin aber sicher, daß sie sie zur Erhaltung der republikanischen Einrichtungen für nötig halten. Diese Meinung ist nicht die einer Bürgerklasse oder einer Partei, sondern die des ganzen Volkes; man begegnet ihr in allen Schichten.« (Tocqueville 1984, 339) Mehr als dieser politische Forschungsreisende haben die heutigen empirischen Befragungen auch nicht herausgefunden.

6. Kommunale Graswurzeldemokratie: Ben Barber

Ben Barber verkörpert unter den Kommunitariern am stärksten den Typus eines politischen Aktivisten aus der Tradition der damals »neuen Linken« der 60er Jahre, deren Gedankenlaub inzwischen schon die nostalgische Herbstfarbe des Emanzipationskonservatismus angenommen hat. Er stellt Liberalismus und Demokratie als zwei Grundkonzeptionen gegeneinander. Liberales Denken rückt die Freiheit des Individuums in den Vordergrund und gibt ihr absoluten Vorrang. Dadurch werden die Individuen und ihr Eigentum recht gut geschützt, aber die Voraussetzungen für kollektive Selbstregierung spielen darin nur eine höchst armselige Rolle. Der radikalste Liberalismus bestünde in der Abwesenheit jeglicher Regierung, also in der Anarchie. Der frühe Robert Nozick mit seinem Minimalstaat dürfte dieser Konsequenz recht nahe gekommen sein – allerdings nur im akademischen Diskurs, denn selbstverständlich ist kein wirklicher Staat je nach reinen liberalen Prinzipien konstituiert worden. In allen westlichen Staaten werden Prinzipien individueller Freiheit mit solchen kollektiver Selbstregierung kombiniert. Die Spannung zwischen beiden ist aber ständig präsent, besonders deshalb, weil ein ausgeprägter Individualismus eine Tendenz zur politischen Apathie, zu niedriger Wahlbeteiligung und zu einem geringen Interesse für die öffentlichen Angelegenheiten in sich trägt. In einer Gesellschaft, in der die Wahl die erste und vornehmste staatsbürgerliche Aktivität ist, muß man die Teilnahmeverweigerung daran als ein Signal des Bankrotts sehr ernst nehmen (Barber 1984, XIII). Die Ursache dafür liegt nach Barber in zu wenig Demokratie. Die große Sorge des Liberalismus war, daß ein Exzeß an Demokratie die Gefahr einer Tyrannei der Mehrheit mit sich bringe. Deshalb ist das System der repräsentativen Demokratie darauf angelegt, möglichst alle irgendwie beunruhigenden Äußerungen des Volkswillens auszuschließen. Zuviel Repräsentation aber zerstört auch dann die Bereitschaft zu Partizipation und Bürgerengagement, wenn sie die Berechenbarkeit der staatlichen Entscheidungen und die privaten Rechte fördert (ebd., XIV).

Gegen die Apathie setzt Benjamin Barber seine »Starke Demokratie« (Strong Democracy), die in verstärkter Partizipation auf allen politischen Entscheidungsebenen und auf der Reaktivierung von Bürgersinn beruht. Ohne eine solche Wendung werden, so fürchtet Barber, nicht nur die Demokratien von der politischen Szene verschwinden, sondern mit ihnen auch die liberalen Werte. Barber versteht sich selbst also nicht als Fundamentalkritiker des Liberalismus: »Es ist kaum etwas falsch an den liberalen Institutionen, das nicht durch eine starke Dosis politischer Partizipation und wiederbelebten Bürgersinn geheilt werden könnte.« (Ebd., XI) Seine Liberalismuskritik ist also darauf gerichtet, liberale Vorstellungen individueller Freiheit gerade dadurch zu erhalten, daß sie durch basisdemokratische Beteiligungsrechte gestützt werden. Barber trägt fünf Argumente gegen den Liberalismus, wie man ihn heute versteht, vor:

1. Der Liberalismus ist eine schwache oder »dünne« Demokratie (thin democracy). Politik wird verstanden als eine Art Raubtierhaltung, in der die gefährlichen und brutalen Wünsche der Individuen möglichst niedergehalten werden müssen. Die Lehre heißt: Furcht vor dem Volk statt Mitbürgerlichkeit und Entwicklung der Freuden der Selbstbeteiligung (ebd., 24).

2. Der Befangenheitsrahmen dieses Denkens läßt sich als newtonianisch charakterisieren. Politik soll beruhen auf der Vorstellung eines mechanischen Universums, dessen bestimmende Gesetzmäßigkeiten so einfach und so sicher sind wie die Sätze der Geometrie. Bei näherer Betrachtung sind diese Voraussetzungen in keiner Weise konsensfähig.

3. Der erkenntnistheoretische Rahmen des Liberalismus ist cartesianisch, das heißt, er beruht auf der Annahme, daß es einen unabhängigen Ausgangspunkt gibt, von dem die Begriffe, Werte, Ziele und Standards des politischen Lebens deduktiv abgeleitet werden können. Nach der liberalen Vertragstheorie ist man deshalb Bürger, weil man irgendwann einmal einigen abstrakten Wahrheiten zugestimmt hat. Nach Barbers kommunitarischer Gegenposition ist man Bürger eines bestimmten Staates mit einer bestimmten Geschichte und teilt deshalb mit anderen einige gemeinsame Wertvorstellungen.

4. Die psychologische Grundlage des Liberalismus ist die Vorstellung eines apolitischen Menschen, der separat von anderen existiert. In der antiken Demokratie galt das als Bedrohung und Strafe. Entfremdung und Einsamkeit sind die Konsequenz dieses radikalen Individualismus, der glaubt, die ganze Welt sei veränderbar, die naturgegebene Psyche der Menschen aber könne nicht wachsen oder sich erweitern. An diesem Punkt wird besonders deutlich, daß Barber wie viele andere Linke glaubt, durch sein Konzept basisdemokratischer Partizipation nicht nur die Gesellschaft, sondern die Menschen selbst verändern zu können.

5. Die »dünne Demokratie« enthält eine Reihe von pathologischen Potentialen: Die Unabhängigkeit aller von allen könnte die Menschen auch auf tyrannische und totalitäre Herrschaftsformen vorbereiten, die ebenfalls die einzelnen radikal voneinander isolieren. Weitere Gefahren sind die Passivität des einzelnen, der sich als einzelner ja immer als

machtlos empfinden muß, und die Leere der Zielsetzungen. Denn das grundlegende Verlangen der Menschen nach Gemeinschaft und Einheit kann nicht durch abstrakte Entmythologisierungen wegdefiniert werden. So sind gerade die Untertanen liberal konzipierter Gesellschaften durch die Versuchungen und Einheitsangebote des Totalitarismus gefährdet.

Barbers »starke Demokratie« dagegen ist die moderne Form der Selbstregierung. Sie soll vereinbar sein mit der Befürwortung des politischen Konflikts, mit der Gesellschaftstheorie des Pluralismus und der Trennung des privaten und des politischen Handlungsbereichs. Barber will also weder zu einem antiquarischen Republikanismus noch zur Kirchturmspolitik, wo noch jeder jeden kennen konnte, zurückkehren. Es gibt Gemeinsamkeiten mit der klassischen Demokratietheorie der antiken Polis, zu denen sich Barber auch ausdrücklich bekennt. Eine Identität allerdings besteht nicht, denn die moderne Variante ist weniger umfassend und viel weniger einheitlich. Vor allem: sie geht aus von einer Reihe in der modernen Gesellschaft etablierter Praktiken. Barber distanziert sich von der »republikanischen Nostalgie solcher Kommentatoren wie Hannah Arendt und Leo Strauss« (ebd., 118), denn in der Moderne sind die Gefahren allzu unitarischer Politik ja längst bekannt. Wo die liberale Demokratie Konflikte eliminiert (in der anarchistischen Variante), unterdrückt (in der realistischen, hobbesianischen Variante) oder toleriert (in der minimalistischen Form), versucht die »starke Demokratie« sie umzuwandeln und Privatinteressen so zu reformulieren, daß sie dem öffentlichen Vorteil genügen, und versteht die Individuen nicht als abstrakte Personen, sondern als Staatsbürger. Sie betont also ihre Gemeinsamkeit und Gleichheit statt ihrer Separatheit.

Wenn die Menschen von Natur aus soziale Lebewesen sind, wie Barber meint, dann ist die staatsbürgerliche

Beteiligung die einzige legitime Form, die die natürliche Abhängigkeit der Menschen annehmen kann (ebd., 217). Geschichtlich sind außerordentlich viele Formen der Bürgerschaft entwickelt worden. Idealtypisch kann man die repräsentative Demokratie und die direkte Demokratie in ihrer unitarischen, tendenziell totalitären Form gegeneinanderstellen und die »strong democracy« als drittes Konzept davon abheben. Unitarische Gemeinschaftsvorstellungen sind wie z.B. völkische Formen des Nationalismus durch die Orientierung an Geburt und Herkunft, also durch »Blut« zusammengehalten, reine repräsentative Demokratien durch freie Willensentscheidung. Die gegenwärtigen Staaten sind meist Mischformen. Barbers starke Demokratie stellt den demokratischen Prozeß selbst in das Zentrum, d.h. nicht Stammesherkunft oder individueller Wille sollen die äußeren Voraussetzungen der Zugehörigkeit sein, sondern die Teilhabe ist der Anfangspunkt, aus dem alles Weitere folgt. Übertragen auf eine Reihe von Politikfeldern läßt sich dieser Unterschied vielleicht am ehesten in einer Tabelle darstellen, die Barber selbst zusammengestellt hat (ebd., 219).

Formen der Bürgerbeteiligung

	Repräsentative Demokratie	Unitarische Demokratie	Starke Demokratie
Die Bürger werden aufgefaßt als	Rechtspersonen	Brüder	Nachbarn
Sie werden zusammengehalten durch	Vertrag	Blut	Gemeinsame partizipatorische Aktivitäten
Sie verhalten sich zur Regierung als	Selbständig, aber als Untertanen	als korporativer Körper	als aktive Teilnehmer
durch Bindungen, die	vertikal sind (Der Bürger zur Regierung)	horizontal sind (Bürger zu Bürger)	die »dialektisch« sind (die Ebenen verschwinden)

Der politische Stil ist	mißtrauisch, passiv	selbstverleugnend, sich unterordnend	kooperativ, aktiv
Die Bürgertugend ist	Berechenbarkeit (gegenseitige Kontrolle)	Brüderlichkeit (gegenseitige Liebe und Furcht)	Zivilität (gegenseitige Empathie und Respekt)
Status der Bürgerschaft (im Verhältnis zu anderen sozialen Identitäten)	dem eigenen Ermessen überlassen (eine unter vielen)	allzuständig (die einzig zulässige Identität)	souverän (die erste unter gleichen)
ideelle Grundlage (die tatsächliche Grundlage ist das Territorium)	gemeinsamer Vertrag (allgemeiner Konsens)	gemeinsame Glaubensüberzeugungen, Werte, Ziele, Identität (substantieller Konsens)	gemeinsames Sprechen Entscheidung, Arbeit (kreativer Konsens)

Der Geist der unitarischen Demokratie trägt in sich die Gefahr einer Art von aktivistischen Totalitarismus, wie man ihn noch bis vor kurzem in einigen Sektenbildungen der Nach-68er-Linken beobachten konnte. Gegen diese Gefahr und gegen die Apathie der Privatisierung setzt Barber Bürgerschaft als aktive Beziehung zwischen Fremden, die sie in Nachbarn verwandelt. Erstaunlicherweise übernimmt er dabei Überlegungen des konservativen Theoretikers Michael Oakeshott, nach denen Zivilität freie Handelnde versammelt, die im großen und ganzen gleich sind – nicht notwendigerweise von Natur aus, aber durch ihre Tugend und ihre gemeinsamen Überzeugungen. Haß, Neid, Mißgunst, Cliquen- und Fraktionenkämpfe werden in diesem hochgestimmten Konzept von staatsbürgerlicher Beteiligung nicht erwähnt. Immerhin sieht Barber die Gefahr, die darin besteht, daß das eigene Entscheidungsrecht jederzeit durch die aktive Beteiligung an der Diskussion bestätigt werden muß. »Zum Beispiel, wenn Aktivität ein Maßstab für die Zugehörigkeit als Bürger ist, werden die Lethargischen, die Apathischen und die Entfremdeten dann ausgeschlossen, wie Hannah Arendt zu glauben scheint? Oder schließen sie sich selbst aus (...)?« (Ebd., 23) Weil Aktivität Macht bedeutet, werden die Aktivisten eine größere Macht ausüben können. Andererseits erhalten Neueinwanderer in einer Gesellschaft starker Demokratie nach Barber das Wahlrecht, indem sie die Fähigkeit und den Willen zur aktiven Beteiligung erwerben. Wer sich aktiv beteiligt, gehört dazu – das scheint Barbers Konzept zu sein. Er will die traditionellen rechtlichen und nationalen Definitionen des Staatsbürgers nicht abschaffen oder ersetzen, er will aber der aktiven Beteiligung eine größere Bedeutung zumessen. Dieser Punkt ist gewiß der elementarste, denn hier werden die Voraussetzungen von Demokratie überhaupt berührt. Abstimmungen und Wahlen machen nur dann Sinn, wenn vorher festgelegt ist, wer zu den Wahlberechtigten gehört und wer nicht. Barber bleibt hier leider ein wenig unbestimmt, zumal seine Betonung des Aktivismus weit entfernt ist vom empirischen Selbstbild der amerikanischen Bürger.

Die mögliche Herrschaft der Aktivisten ist ein Grundproblem dieses Nach-68er-Denkens. Gerade am Aktivismus der damaligen weltweiten Studentenbewegung konnte man sehr gut beobachten, daß dann nicht eine Basisdemokratie der möglichst gleichen Beteiligung aller, sondern eine Herrschaft der rhetorisch oder organisatorisch am meisten hervorstechenden Persönlichkeiten entsteht. Die angeblich »antiautoritären« Strukturen dieser Bewegung zeichneten sich ja in Wirklichkeit durch einen enormen Meinungsdruck und vor allem durch das Auftreten charismatischer Anführer aus, die aus der Situation heraus jeweils die Richtung des Handelns vorgaben.

Michael Walzer, ein Mit-Kommunitarier und ein sympathisierender Beobachter der Studentenrebellion hat schon zu einem Zeitpunkt, als die Bewegung noch in allerhöchster Blüte stand, nämlich im Mai 1968, die Herrschaft der Aktivisten recht eindrucksvoll beschrieben. Wenn die Gesellschaft alle ihre Angelegenheiten durch öffentliche Diskussion selbst regeln soll, dann lauert hinter allen schönen Bildern der Selbstregierung und Selbstverwaltung eine machtvolle Figur: »der geschäftige Bürger, der an endlosen Versammlungen teilnimmt« (Walzer 1970, 230). Partizipatorische Demokratie beruht auf (und ist deshalb auch angewiesen auf) einer außerordentlichen Einsatzfreude und einem Verantwortungssinn, damit man sich auch auf die Anwesenheit und Teilnahmewilligkeit aller verlassen kann und damit die Aktivität konsistent aufrechterhalten wird (denn es sollen ja keine wechselnden Zufallsmehrheiten entstehen). Das »Leben wird zu einer Folge von Versammlungen werden. Wann wird dann Zeit für die Kultivierung persönlicher Kreativität oder die freie Zusammenkunft ähnlich gesinnter Freunde sein?« (Ebd., 231) Gewiß wird sich, wie Michael Walzer vermutet, zwischen den endlosen Versammlungen doch immer irgendwie die Gelegenheit für ein Tête-à-tête ergeben, aber er sieht ganz klar, daß die Idee des Aktivbürgers auf der Linken immer eine überwältigende Vorstellung war, die geradezu eine Ekstase der Aktivität und oft auch die Unterdrückung aller Gefühle außer der politischen bedeutete. Man kann all das bei Jean-Jacques Rousseau studieren, von dem die Linke und auch die neue Linke all diese Überlegungen direkt oder indirekt geerbt hat. In seinem »Contrat social« heißt es:

»Je vollendeter die Staatsverfassung ist, desto mehr überwiegen die öffentlichen Angelegenheiten in den Augen des Staatsbürgers die privaten. Es gibt dann sogar weit weniger Privatangelegenheiten (...). In einem gut verwalteten Gemeinwesen eilt jeder zu den Versammlungen (...). Sobald man bei Staatsangelegenheiten die Worte hören kann: ›Was geht das mich an?‹ kann man darauf rechnen, daß der Staat verloren ist.« (Rousseau 1968, 138 f.)

Walzer spottet über den tugendhaften Bürger, der diese Art von selbstverwalteter Republik bevölkert: »Um seine Tugend hervorzukehren übernimmt er vielleicht einen asketischen Stil und gibt jede Art von Selbstdekoration auf: Er trägt Sansculotten oder ungebügelte Hemden.« (Walzer

1970, 233) Das Problem ist: Diese Bürger haben offenbar nicht mehr die Wahlfreiheit zwischen aktiver Beteiligung und Passivität. Wenn aber nur Freiwillige partizipieren – wieviele werden es sein? Sollen sie daraus besondere Vorteile, d.h. Macht über die übrigen ziehen dürfen?

Eine große Gesellschaft mit stark partizipatorischen Elementen bedeutet offenbar die Herrschaft der Menschen, die die meisten Abende dafür übrig haben (ebd., 235). Andere, etwa Melvin Tumin, haben noch massiver vom »gnadenlosen Masochismus der gemeinschaftsorientierten und sich selbst regulierenden Männer und Frauen« gesprochen (ebd., 234). Was ist dann mit den Rechten derjenigen, die vielleicht gelegentlich teilnehmen, ansonsten lange Spaziergänge machen wollen, während die Versammlungen endlos weitergehen, oder Bilder malen möchten, mit ihren Kindern spielen, sich lieben oder fernsehen wollen? In einer partizipatorischen Demokratie wird derjenige, der sich nicht selbst beteiligt, von seinen aktivistischen Mitbürgern dominiert werden. Die Apathischen, die Hedonisten, die gelegentlichen Enthusiasten, die Teilzeitarbeiter werden von den Vollzeitbürgern, den Militanten oder den Professionellen regiert werden (ebd., 234). Und diese repräsentieren im Grunde nur sich selbst. Deshalb sprechen starke Argumente für eine repräsentative Demokratie: Eine zu intensive Partizipation würde auf eine »Tyrannei der Apparatschiks« hinauslaufen, wie wir sie schon in unseren Partei- oder Gewerkschaftsapparaten beobachten können, wenn diese Aktivsten nicht gleichzeitig von einer größeren Wählerschaft (den Mitgliedern eines Staates, einer Bewegung, einer Gewerkschaft oder Partei) zur Verantwortung gezogen werden können (ebd., 237).

Dieser Einwand, der die Rechte der Nichtaktivisten einklagt, ist einer der stärksten, der gegen die partizipatorische Demokratie gemacht werden kann. Benjamin Barber hat nur mit großer Mühe darauf eine – recht eigenwillige – Antwort gefunden. Sein erster Gegenzug ist, daß die Aktivbürger, um gut zu regieren, erst einmal regieren müssen, und ihnen doch die Gelegenheit dazu gegeben werden sollte. Er stellt sich dann die Frage: »Wieviel Beredsamkeit kann eine Versammlung ertragen? Ist der heroische Bürger zu groß für die demokratische Gemeinschaft?« (Barber 1984, 240) Die fairste Antwort auf solche Probleme wäre die Installierung eines »Facilitators«, eines »Ermöglichers«, wie Barber das nennt. Jeder einigermaßen kompetente Lehrer kann expressive oder besonders artikulierte Schüler daran hindern, eine ganze Klasse zu dominieren, jeder fähige Richter kann dafür sorgen, daß die technischen Verfahrensregeln von den Prozeßbeteiligten beachtet werden. Der Facilitator soll wie der Lehrer und der Richter für die Fairneß des Vorgehens, nicht aber für ein bestimmtes Ergebnis verantwortlich sein. Er soll also eine Art Ombudsmann der Gemeinschaft sein. Er soll auch dafür sorgen, daß das Schweigen seine Rechte bekommt, daß also die Zurückhaltenden, die Ruhe zum Nachdenken brauchen, auch zum Zuge kommen.

Die affektiven Bindungen, die aus diesem Nachbarschaftskonzept resultieren, sind nach Barbers Meinung deutlich weniger riskant als der Patriotismus, der schnell in bloßen Chauvinismus und in fahrlässige Kriegsbegeisterung umschlagen kann, und auch weniger gefährlich als die Zivilreligion, die oft genug (wie z.B. damals im calvinistischen Genf) den Stil fundamentalistischen Eiferertums angenommen hat (ebd., 243). Es ist das Problem von Massengesellschaften, daß die kommunitarische Sehnsucht nach gemeinsamen Grundlagen und nach einer gewissen minimalen Homogenität schnell zur Suche nach Uniformität wird.

Heutige Demokratietheoretiker halten die partizipatorische oder kommunitarische Demokratie durchweg für einen Anachronismus, angemessen allenfalls kleinen Stadtstaaten wie dem antiken Athen oder dem Genf zur Zeit Rousseaus. Barber hält ihnen entgegen, daß das Problem der Größe oder der Massengesellschaft in erster Linie nur ein Problem der Kommunikation ist und als solches gelöst werden kann.

Es kommt nur darauf an, dezentrale, föderale oder andere zellenartige kommunikationsfähige Einheiten zu schaffen. Auf jeden Fall muß aber der Wille bestehen, die Bürger selbst zu beteiligen und die Macht nicht jenen »seltsamen neuen Leviathanen der modernen Ökonomie« wie den multinationalen Konzernen, den internationalen Banken und den Kartellen (ebd., 256) zu überlassen, die zu groß, zu bürokratisch und zu weitreichend sind, um als wirkliche private Organisationen gelten zu können, die aber auch nicht als öffentlich gelten können, weil sie nicht verantwortlich sind und nicht zur Rechenschaft gezogen werden können. »Der Großkonzern ist unvereinbar mit Freiheit und Gleichheit, ob diese nun individuell oder sozial aufgefaßt werden.« (Ebd.) »Wenn das Großunternehmen die Demokratie nicht besiegen soll, dann muß die Demokratie den Konzern besiegen.« (Ebd., 257) Die Mitbestimmung der Arbeitenden und die Demokratisierung der Arbeitsplätze können das Monopol der großen Korporationen ein wenig lockern, der entscheidende Kampf muß aber nach Barber auf dem politischen Feld ausgetragen werden, wenn er überhaupt gewonnen werden kann. Die korporative Gesellschaft und die Mentalität des Korporatismus stehen nach Barbers Überzeugung der Idee einer aktiven Bürgerbeteiligung am meisten im Wege und müssen deshalb als die Hauptgegner der starken Demokratie gelten. In dieser scharfen Opposition zu Großkonzernen und Großbürokratien steht Barber unter allen Kommunitariern gewiß am weitesten links; es sollte aber nicht vergessen werden, daß er damit keineswegs eine Verstaatlichung der Produktionsmittel anstrebt, sondern in der Tradition amerikanischer Anti-Trust- und Anti-Kartell-Gesetzgebung steht, durch die die kapitalistische Konkurrenz und der Freihandel ja gerade gefördert werden sollten. Zur Basisdemokratie gehört eben entscheidend eine erklärte Feindschaft gegenüber allen übermäßig dominanten Großorganisationen.

Barber weiß, daß seine starke Demokratie zwar aus einer

attraktiven theoretischen Tradition abgeleitet ist, im Grunde aber ohne überzeugende gegenwärtige Praxis dasteht (ebd., 261). Er versucht deshalb in möglichst enger Anknüpfung an schon existierende Institutionen einige praxisorientierte und realistische Hinweise auf Verwirklichungschancen zu geben, auch wenn klar ist, daß es sich um ein Gesamtkonzept handelt und die Realisierung lediglich einiger Teilmomente dieses pervertieren kann. Zum Beispiel wäre ein obligatorischer Bürgerdienst ohne Partizipation nichts anderes als bloße Massenaushebung billiger Arbeitskräfte – in einer partizipatorischen Gesellschaft wäre aber ein solcher Dienst nach Barbers Meinung durchaus wünschenswert (ebd., 263). Auch ist ihm klar, daß wirklich weise politische Entscheidungen nur dann aus der lokalen Beteiligung an Nachbarschaftsversammlungen und Gemeindeorganisationen entstehen können, wenn die örtliche Partizipation mit der Zentralmacht verbunden ist und wenn es gegen eine bloße Kirchturmspolitik auch die Disziplin einer wirklichen Verantwortung gegenüber der Allgemeinheit gibt (ebd., 264). An historischen Beispielen nennt Barber Bürgerbewegungen wie die Grünen in Deutschland oder Konzepte einer nachbarschaftlichen Selbstregierung, die inspiriert sind von den städtischen (nicht entscheidungs-, sondern nur beratungsbefugten) Vollversammlungen, wie sie in Vermont, Massachusetts, Connecticut und einigen anderen Neuengland-Staaten immer noch vorkommen. Ihm ist klar, daß die Begeisterung für Partizipation nur in der Partizipation selbst entstehen kann. Barber weist darauf hin, daß wir uns unter dem Einfluß der gängigen politischen Theorien zu denken angewöhnt haben, daß Menschen allein für ihre privaten Interessen und ihre wirtschaftlichen Vorteile wirklich kämpfen. In der Geschichte aber haben sie für ihre politischen Rechte genauso gekämpft. Barber empfiehlt deshalb einen zweiten Kampf für das Wahlrecht, eine zweite Kampagne, um eine wirkliche staatsbürgerliche Selbstbestimmung zu erlangen, die mit dem Wahlrecht versprochen schien, aber nie erreicht worden ist (ebd., 266). Er schlägt kommunale Vielzweckgebäude in den jeweiligen Nachbarschaften vor, die öffentlich finanziert werden müßten, um den kommunalen Aktivitäten überhaupt erst einmal einen Raum zu geben. »Zu lange war der Staatsbürger eine Identität ohne feste Adresse und ohne ständigen Wohnsitz.« (Ebd., 271) Dort müßte natürlich auch ein Büro für den »Facilitator« eingerichtet werden, damit die Versammlung einen Leiter und Sekretär hat. Barber glaubt aus den Erfahrungen von kommunalen Schulausschüssen und anderen lokalen Organisationsformen fest daran, daß Partizipation mehr Partizipation erzeugt. Das Fernsehen kann seiner Meinung nach helfen, die Kommunikation auch sehr viel größerer Einheiten herzustellen. Es bringt gewiß neue Risiken mit sich, aber die moderne Telekommunikation kann durchaus zu einem Instrument demokratischer Diskurse auf regionaler wie auch auf nationaler Ebene entwickelt werden (ebd., 274). Partizipatorische Diskussionen sind dann im Prinzip auch auf weite Entfernungen möglich. Natürlich wird die unmittelbare Konfrontation von Angesicht zu Angesicht aufgegeben, und die Gefahren elitärer Manipulationen wachsen. Aber schon die ersten Versuche in dieser Richtung, die Jimmy Carter während seiner Präsidentschaft unternahm, waren vielversprechend, weil sie ihn oft genug mit Ansichten konfrontierten, die er von seinem Stab nicht unbedingt in dieser Form gehört hätte (ebd.). Wir wissen, daß heute in dieser Richtung weitergearbeitet wird. Schon in den frühen achtziger Jahren hat es in New York und New Jersey einige Stadtversammlungen gegeben, die mit Fernsehen und Telefon operierten. In Kalifornien und auf Hawaii haben Befürworter einer »Teledemokratie« anspruchsvollere interaktive Formen in Ansätzen entwickelt. All das wird hier nur erwähnt, um eine Andeutung auf zukünftige Entwicklungsmöglichkeiten direkterer Formen von Demokratie zu geben. Die Möglichkeiten des Fernsehens hierbei sind, trotz aller allgemeinen und ideologischen Kontroversen um dieses Medium, bis heute nicht einmal in Ansätzen ernsthaft erwogen oder gar ausprobiert worden. Ich denke, daß hier die Neigung zu Vorurteilen, die meist gegen solche Versuche ausfallen werden, geradezu übermäßig ist und bisher sogar verhindert hat, daß es zu entsprechenden, einigermaßen breit angelegten Forschungsprojekten in Europa gekommen ist. Wie bruchstückhaft, naiv und illusionär die »Teledemokratie« auch sein mag, wie elegant ein befähigter Conférencier wie Bill Clinton sie zu seiner Selbstdarstellung auch nutzen mag – hier wird es wie in so vielen anderen Fragen so sein, daß wir Europäer die Dinge noch nicht einmal ernsthaft erforschen, die in den USA schon ausprobiert werden.

Benjamin Barber hat ein Kurzprogramm für seine starke Demokratie entwickelt, das er ausdrücklich nicht als einen Weg dorthin, sondern als die starke Demokratie selbst auffaßt. Es sind zwölf Punkte zur Wiederbelebung des Bürgersinns und der bürgerlichen Beteiligung:

1. Ein landesweites System von *Nachbarschaftsversammlungen* von bis zu 5 000 Bürgern; diese würden anfangs nur Beratungsaufgaben haben, aber möglicherweise lokale Gesetzgebungskompetenz bekommen können.
2. Eine nationale *Bürgerkommunikationskooperative,* um den Gebrauch der neuen Telekommunikationstechnologien zu regulieren und zu überblicken und die Debatte und Diskussion bei Volksbefragungen zu überwachen.
3. Ein *Bürgervideotextdienst* und ein Gesetz zur öffentlichen Erziehung, um den Zugang zu Informationen anzugleichen und volle staatsbürgerliche Erziehung für alle Bürger zu fördern.
4. Experimente in *Entkriminalisierung* und *informeller Laienrechtsprechung* im lokalen Bereich.
5. Eine nationale *Initiative zu Volksentscheiden,* die öffentliche Initiativen und Referenden zur Gesetzgebung des Kongresses ermöglicht, mit Multiple-choice-Optionen und einem zweiten Wahlgang.
6. Experimentelle *elektronische Wahlverfahren,* anfangs nur für Erziehungszwecke und für Meinungsumfragen, unter der Oberaufsicht der *Bürgerkommunikationskooperative*.

7. Auswahl für bestimmte örtliche Ämter durch *Losverfahren,* mit Anreizen durch Bezahlung.
8. Experimente mit einem *internen Gutscheinsystem* für ausgewählte Schulen, Sozialwohnungen und den öffentlichen Nahverkehr.
9. Ein Programm eines *allgemeinen Bürgerdienstes,* der die Wahlmöglichkeit des Wehrdienstes für alle Bürger einschließt.
10. Untersützung der öffentlichen Hand für *lokale Freiwilligenprogramme* in »Gemeinwesenarbeit« und »gemeinsamer Aktion«.
11. Öffentliche Unterstützung für *Arbeitsplatzdemokratie,* mit Institutionen der öffentlichen Hand als Modell für Alternativen in der Wirtschaft.
12. Eine neue *Architektur des bürgerlichen und öffentlichen Raums.*

Barber spielt mit häufigen Rousseau-Zitaten, gelegentlich kehrt er sie sogar um, ohne allerdings den Sinn seiner Gedanken zu ändern. »Der Mensch wird frei geboren, und überall ist er in Ketten« – Rousseaus berühmter Anfang des ersten Kapitels des »Contrat social« liest sich bei Barber so: »Wir werden in Ketten geboren – Sklaven der Abhängigkeit und der Unzulänglichkeit – und gewinnen Autonomie nur, indem wir die schwierige Kunst erlernen, uns selbst gemeinsam zu regieren; wir werden nach dem Maß unserer natürlichen Gaben oder unseres ererbten Status als Obere oder Untere geboren; wir erreichen Gleichheit nur im Zusammenhang von sozial sanktionierten politischen Arrangements, die über von Natur aus ungleiche Weisen den zivilen Mantel der Gleichheit ausbreiten.« (Barber 1984, XV) Barbers Konzept einer televisionären Graswurzeldemokratie ist das Konzept eines radikal modernisierten und auch für eine Massendemokratie geeigneten Rousseau. Von allen Kommunitariern macht er sich die genauesten Vorstellungen, wie man Partizipation auch praktisch institutionalisieren könnte – allerdings bleiben diese Ideen doch im Bereich eines unerprobten Utopismus, nicht anders als die Phalanstères von Charles Fourier, jene selbstgenügsamen Großkommunen, in denen die entfremdete Arbeit aufgehoben werden sollte.

Barber hat allerdings recht, wenn er darauf hinweist, daß die praktische Erprobung selbst das entscheidende Mittel zur Förderung des Bürgersinns ist. Er kann sich dabei auf das neuere Denken über die politische Urteilskraft stützen, wie es vor allem Hannah Arendt im Anschluß an Kant und Aristoteles wieder neu artikuliert hat (Barber 1988, 193-211). Urteilsvermögen, wie Barber es begreift, ist allerdings kein Mittel zu »wahrer« Erkenntnis, kein Weg vom Vorurteil zu wahrem Wissen, sondern lediglich der Schritt von der Einsamkeit zur Soziabilität des Urteils. Die Bürger müssen zur Entwicklung ihrer Urteilskraft ihre privaten Ansichten einem Test unterziehen, indem sie sie mit ihren Mitbürgern debattieren, sie als politische Parteiprogramme offerieren, bei Gericht durchsetzen, als Gesetzesinitiative umformulieren und einbringen, in der Presse veröffentlichen etc. (ebd., 199). Politisches Urteil ist öffentliches Denken, wobei die Betonung auf dem Wort öffentlich liegt. Bürger sind definiert durch ihre Mitgliedschaft in einer politischen Gemeinschaft, ihre Urteile als Bürger sind deshalb immer »Wir-Urteile«, während man eine Reihe von ästhetischen und moralischen Urteilen durchaus als solitäres Individuum abgeben kann. Barber geht sogar so weit zu sagen: »*Ich* kann nicht politisch urteilen, nur *wir* können politisch urteilen.« (Ebd., 200) Entsprechend ist Expertentum eben keine Urteilsfähigkeit im politischen Sinne, und ein Experte als Präsident oder Kanzler (wie das Jimmy Carter oder auch Helmut Schmidt für sich in Anspruch nahmen) kann gerade durch sein spezialisiertes Wissen von einem eigentlich politischen Urteil abgelenkt werden. Politisches Urteil wird deshalb auch in erster Linie durch Politik, weniger durch Erkenntnis hervorgebracht, obwohl Wissen und Information dabei durchaus hilfreich sein können. Da der politisch Urteilende als Bürger immer zugleich auch Handelnder ist, steht er in einer Situation, urteilen, entscheiden oder handeln zu müssen, ohne daß die Grundlagen der Entscheidung vorher gegeben sind oder gar einer bloßen Faktenerkenntnis offenstehen.

Politisch urteilen heißt, zu urteilen ohne verbindliche Standards oder bestimmende Normen, aber immer unter dem unausweichlichen Druck, handeln zu müssen (ebd., 206). Hier sind der Bürgersinn und die gemeinsame Entscheidungsfindung gefragt. Auf jeden Fall handelt es sich um Entscheidungen im nichtmetaphysischen Raum: »Politik ist das, was Menschen tun, wenn die Metaphysik scheitert; sie ist jedoch keine in einer Verfassung verkörperte Metaphysik.« (Ebd., 209)

Die Urteilskraft steht von allen Fähigkeiten unseres Geistes gewiß auf dem schwankendsten Boden. Sie ist das Vermögen einer gewissen Unbestimmtheit, das erst in seiner Anwendung und Erprobung auch zu seinen immer nur übergangsweise gültigen Kriterien findet. Bürger mit einer wohlentwickelten Fähigkeit zu politischem Urteil sind eine Grundnotwendigkeit einer aktivistischen und partizipatorischen Demokratie – diese Fähigkeit kann allerdings nirgendwo anders als in der Partizipation selbst entwickelt werden. Barbers 12-Punkte-Programm zeigt, daß es Übergänge gibt: Man muß ja nicht gleich alle Gesetzentwürfe zur Volksabstimmung stellen, sondern kann der Basis das Recht geben, dem Parlament eine Gesetzesinitiative vorzulegen. Die Nachbarschaftsversammlungen sollen zunächst nur Beratungsfunktionen haben – es sind also Phasen der Erprobung und Bewährung vorgesehen, nicht die revolutionäre Installierung auf einen Schlag. In ihren konkreten Anwendungsmöglichkeiten bleiben all diese Ideen Barbers folglich innerhalb dessen, was sich Stück für Stück ausprobieren läßt, ohne gleich das ganze politische System zu erschüttern. Er sieht in seiner Argumentation beide Seiten, nämlich den Glauben republikanischer politischer Theorie, die Menge sei weise, das Individuum aber töricht, und die Einsicht, daß das Staatsschiff ja ein Narrenschiff sein könne, in dem der Mob regiert, denn dann wird das politische Urteil ununterscheidbar vom bloßen Vorurteil der Massen, das gern öffentliche Meinung genannt wird (ebd., 210). Der Aktivbürger, den Barber sich vorstellt, ist in der Kunst sozialer Interaktion geschult, er ist der kompetente Bürger, der die »Wir«-Perspektive von der »Ich«-Perspektive unterscheiden kann und sich jederzeit bewußt ist, welche der beiden Perspektiven in einem bestimmten Bereich angemessen ist.

Das erste Problem dieser Konzeption liegt in den anspruchsvollen Voraussetzungen, die sie machen muß, um zu funktionieren und nicht in eine populistische Diktatur der Vorurteile auszuarten. Ihr zweites Problem ist, daß sie alle Erprobung und alle Problemlösungskompetenz auf eine ungewisse Zukunft verweisen muß. Barber ist Organisator und Projektemacher. In den Konzeptionen von Martha Nussbaum und Michael Walzer werden wir dagegen kommunitarische Denkweisen kennenlernen, die für aktuelle Probleme konkrete und in der Vergangenheit schon teilweise erprobte Lösungsansätze anbieten können.

7. Sozialdemokratischer Aristotelismus: Martha Nussbaum

Die bisher dargestellten kommunitarischen Ansätze waren auf den Nationalstaat orientiert. Dadurch könnte der Anschein entstehen, als seien Vorstellungen von Gemeinschaft für größere Dimensionen, gar für Fragen der Entwicklungspolitik, unangemessen. Dieser Eindruck soll in den Kapiteln 7 und 9 dieses Bandes korrigiert werden. Martha Nussbaum, Professorin für Philosophie und antike Literatur, war gleichzeitig als Forschungsberaterin an einem UNO-Institut für Entwicklungspolitik in Helsinki tätig und hat sich sehr intensiv mit Problemen der Lebensqualität in Ländern der Dritten Welt befaßt.

Martha Nussbaum wendet sich in erster Linie gegen den heute gängigen ethnologischen Relativismus. Unter den Akademikern, die als fortschrittlich gelten, hat sich eine Haltung ausgebreitet, die die Erhaltung traditioneller gemeinschaftlicher Lebensformen in Dritte-Welt-Ländern für einen der obersten Werte hält. Diese Position kann durchaus kommunitarische Argumente für sich anführen, geht es doch um eine »Lebensweise der Einbettung«. In konkreten Fällen allerdings wird dieses Denken oft reichlich abstrus. Martha Nussbaum zitiert zum Beispiel den Vortrag einer französischen Ethnologin, die bedauerte, daß die englische Kolonialmacht durch die Einführung der Pockenschutzimpfung in Indien den uralten Kult von Sittala Devi ausgerottet habe: nämlich den Kult der Götter, die angebetet wurden, um die Pocken abzuwenden. »Irgendein Konferenzteilnehmer erhebt den Einwand, daß es sicherlich besser sei, gesund statt krank zu sein, zu leben statt zu sterben. Darauf erfolgt die kühle Antwort: Die westliche essentialistische Medizin faßt die Dinge in binären Gegensätzen; das Leben wird dem Tod entgegengesetzt, die Gesundheit der Krankheit. Wenn wir uns dieser Scheuklappensichtweise entledigen, werden wir jedoch die radikale Andersheit der indischen Tradition verstehen. An diesem Punkt erhebt sich Eric Hobsbawm, der die Vorträge und Diskussionen mit einem immer unbehaglicheren Schweigen angehört hatte, um ein ätzendes Urteil über den in dieser Gruppe vorherrschenden Traditionalismus und Relativismus abzugeben. Er zählt Beispiele dafür auf, in welcher Weise die Bezugnahme auf Tradition und Gemeinschaft in der Geschichte angewandt wurde, um verschiedene Arten von Unterdrückung und Gewalt zu verteidigen. Sein letztes Beispiel ist der deutsche Nationalsozialismus. Im Chaos, das anschließend entsteht, verlangen die meisten Kommunitaristen unter den Sozialwissenschaftlern (vor allem diejenigen aus dem Ausland, die nicht wissen, wer Hobsbawm ist), daß Hobsbawm aufgefordert wird, den Konferenzraum zu verlassen.« (Nussbaum 1993, 325) Hobsbawm, der Ökonom und eine der berühmtesten Gestalten der britischen Linken, konnte dann doch bleiben.

Martha Nussbaum hat aus ihrer reichhaltigen internationalen Konferenzerfahrung noch einige weitere Beispiele beigetragen, und man muß nur einmal selbst Veranstaltungen der Unesco aufsuchen, um ähnliche sammeln zu können. Das geschilderte Beispiel zeigt ein Grunddilemma: Es gibt offenbar zwei Arten von kommunitarischem Denken. Derjenige Kommunitarier, der vom Common sense ausgeht, muß es als eine Geistesverrenkung empfinden, wenn er das binäre Denken aufgeben soll (binär heißt ja nichts anderes als mit Kategorien wie wahr oder falsch, Leben oder Tod, gesund oder krank zu operieren). Der radikale Kommunitarier, der jede Art von Gemeinschaft und deren Kulte, besonders solche der Dritten Welt, als an sich erhaltens- und schützenswert auffaßt, wird die moderne Medizin und damit auch die Schutzimpfungen für problematisch halten. Durch die Ablehnung »binären Denkens« wird zwar versucht, der Konsequenz auszuweichen, aber letztlich wird der Pockentod dann als Schicksal hingenommen, weil es in jenen traditionellen Gesellschaften nun einmal üblich war. Diese Position umgibt sich mit einer progressiven Aura und dekoriert sich mit Derrida- und Foucault-Zitaten, nach denen es in allen diesen Dingen keinen privilegierten Standpunkt geben könne. Jeder andere Standpunkt wird aber als schlechtes essentialistisches Denken abgetan, das den Wert der Andersheit nicht wahrnehmen könne.

Der Weg, dieses Dilemma aufzulösen, besteht für Martha Nussbaum in einer philosophischen Grundlagenreflexion. Es kommt darauf an, den Unterschied herauszufinden zwischen den Eigenschaften menschlicher Lebensformen, die unverzichtbar sind und die deshalb für alle gelten müssen, auch für die Bewohner des abgelegensten indischen Dorfes, und solchen Eigenschaften, in denen sich die Verschiedenheit und Andersheit gerade ausprägen kann und soll. Das heißt, Nussbaum will gerade das Wesentliche, die Essenz oder Substanz herausarbeiten und vom Akzidentiellen unterscheiden, vom Wechselnden, von dem, was hinzutreten oder auch wegbleiben kann, ohne das Wesen zu verändern. Dies aber ist die Methode des Aristoteles. Sie bekennt sich deshalb ausdrücklich dazu, Aristotelikerin und Essentialistin zu sein. »›Essentialismus‹ wird in der akademischen Welt und den von ihr beeinflußten Lebensbereichen allmählich zu einem unanständigen Wort. Essentialismus – worunter ich hier die Auffassung verstehe, daß das menschliche Leben bestimmte zentrale und universale Eigenschaften besitzt, die für es kennzeichnend sind – wird von seinen Gegnern mit Unkenntnis der Geschichte und mit mangelnder Sensibilität für die Stimmen von Frauen und Minderheiten in Verbindung gebracht.« (Ebd., 326 f.) Einige dieser Kritiken hatten durchaus ihre Berechtigung, waren doch jahrhundertelang Dinge wie die Vorherrschaft der Weißen oder des Mannes für essentiell erklärt worden, die es bei näherer Betrachtung nun wirklich nicht sind. Aber alle diese Kritiken schließen es doch nicht aus, daß man die elementaren menschlichen Bedürfnisse und Tätigkeiten in historisch sensibler Form darstellt und damit die »Grundlage für eine globale Ethik und eine im umfassenden Sinne internationale Begründung der Verteilungsgerechtigkeit« (ebd., 327) schafft. Martha Nussbaum möchte also aus der Interpretation der unverzichtbaren und in allen Kulturen im Prinzip gleichen Bedürfnisse Bewertungsgrundlagen für die Entwicklungspolitik ableiten.

Sie weiß sehr wohl, daß vor allem in Europa jede Bezugnahme auf Aristoteles als politisch und gesellschaftlich konservativ gilt. Aristoteles gilt als Theoretiker der Üblichkeiten und des Herkommens, der die hochfliegende Utopie der Philosophenkönige und der Theoriediktatur aus Platons Staat auf den Boden der Tatsachen zurückgeholt hat, als Philosoph des gesunden Menschenverstandes und der praktischen Klugheit, die immer am Bestehenden anknüpft und auf den großen Gegenentwurf einer ganz anderen Gesellschaft verzichtet. Auch Alasdair MacIntyre hatte Aristoteles eher konservativ gedeutet – allerdings handelt es sich bei ihm um den Aristoteles in der mittelalterlichen Tradition. Martha Nussbaum setzt zunächst den beiläufigen Hinweis dagegen, daß die genaue Lektüre des Aristoteles und besonders dessen Praxisbegriff einen nachhaltigen Einfluß auf den jungen Marx hatten, und schlägt dann ganz plakativ eine Anwendung aristotelischer Kategorien im Rahmen der Entwicklungshilfe vor, »um die Grundlage für eine sozialdemokratische Begründung der Aufgabe öffentlicher Planung bereitzustellen; eine Begründung, die in ihren Folgerungen (...) internationalistisch ist« (ebd., 328). Der Begriff »sozialdemokratisch« ist bei ihr im skandinavischen Sinne zu verstehen (Nussbaum 1990, 206). Gemeint ist er in erster Linie als direkte und bewußte Opposition gegen das derzeit vorherrschende Aristoteles-Bild, das sie als klassische Philologin für unangemessen und falsch hält.

Sie macht den Versuch, die menschlichen Grundfunktionen als »dichte, vage Theorie des Guten« darzustellen. »Dicht« als Kontrast zu John Rawls' Konzeption einer »dünnen (schwachen) Theorie des Guten«. Die Liste der Grundfunktionen soll »vage« sein, um Platz zu lassen für regionale und auch persönliche Spezifizierungen. Ganz bewußt spricht sie von »Grundfunktionen«. Sie nimmt nicht an, daß es die menschlichen Grundeigenschaften, die sie aufzählen wird, als metaphysische Wesenheiten tatsächlich gibt. Wir müssen sie uns nur gegenseitig zusprechen, weil wir »uns über viele Unterschiede der Zeit und des Ortes hinweg gegenseitig als Menschen anerkennen« und weil es tatsächlich einen weithin akzeptierten Konsens gibt »hinsichtlich jener Eigenschaften, deren Fehlen das Ende einer menschlichen Lebensform bedeutet.« (Nussbaum 1993, 333) Sie neigt also zu einer eher funktionalen Denkweise. Die Liste menschlicher Eigenschaften ist selbstverständlich unbegrenzt, offen und heterogen, denn es ist sowohl möglich, Neues von anderen zu lernen als auch Neues über sich selbst zu entdecken (ebd., 334).

Als erste Annäherung nennt Martha Nussbaum folgende Punkte:

1. Sterblichkeit – ein Faktum, das im Grunde alle anderen Elemente des menschlichen Lebens überformt.
2. Der menschliche Körper. Gewiß ist die Körpererfahrung auch kulturell geprägt, aber gewisse Grundeigenschaften wie Hunger und Durst, Bedürfnis nach Unterkunft, sexuelles Bedürfnis und Begehren, Bewegung und Verlangen nach Mobilität, Fähigkeit zur Lust und Abneigung gegen Schmerz dürften ziemlich allgemein sein.
3. Kognitive Fähigkeiten wie Wahrnehmen, Vorstellung und Denken.
4. Frühkindliche Entwicklung – alle Menschen beginnen als hilflose Säuglinge und sind auf Sozialität angewiesen. Sie ent-

wickeln die damit verbundenen Gefühle und Gefühlsstrukturen, wenn auch gewiß auf kulturell verschiedene Art.

5. Praktische Vernunft – alle Menschen sind in irgendeiner Weise mit der Planung und Führung des eigenen Lebens befaßt oder versuchen es zumindest.
6. Zugehörigkeit zu anderen Menschen – eine gewisse Bindung und Anteilnahme gegenüber anderen und die damit verbundene Lebensform dürften bei allen vorhanden sein.
7. Bezug zu anderen Spezies und zur Natur – die Menschen sind nicht die einzigen lebenden Wesen, sie sind von anderen abhängig und entwickeln ihnen gegenüber Verhaltensweisen und Gefühle.
8. Humor und Spiel – überall scheint zum menschlichen Leben auch Platz zur Erholung und für das Lachen zu gehören.
9. Vereinzelung – im Prinzip ist jede Person als eine einzige vorhanden, empfindet ihren eigenen Schmerz und nicht den der anderen. Selbst in der intensivsten menschlichen Interaktion handelt es sich um wechselseitiges Reagieren und Antworten und nicht um wirkliche Verschmelzung.
10. Starke Vereinzelung – die Grade der Vereinzelung sind von Gesellschaft zu Gesellschaft verschieden, aber jede Person identifiziert sich als sich zunächst einmal selbst. Es ist bislang keine Lebensweise bekannt, die es unterläßt, die Wörter »mein« und »nicht mein« in einem persönlichen und ungeteilten Sinn zu verwenden (ebd., 334-340).

Diese Liste umfaßt Grenzen und Fähigkeiten, weil beide Voraussetzungen der Conditio humana ausmachen. Die Fähigkeiten enthalten ein Minimalkonzept des Guten: Fehlt einer dieser Punkte, dann wäre das Leben mängelbehaftet und ärmer. Es gibt aber einen Unterschied. In einigen Fällen wäre das Leben zu verarmt, um überhaupt als menschliches Leben gelten zu können. In anderen könnte es jedenfalls nicht als *gutes* menschliches Leben gelten. Hier handelt es sich offensichtlich um zwei Ebenen, die unterschiedliche Niveaus von Ressourcen und Fähigkeiten erfordern. Auf der zweiten Ebene geht es um eine Liste der elementaren menschlichen Funktionsfähigkeiten, die den Übergang zu einem guten Leben ermöglichen. Es liegt auf der Hand, daß diese Ebene für die Entwicklungspolitik außerordentlich wichtig ist. Allerdings gibt es hier Bereiche, besonders hinsichtlich der sozialen Bindungen, der praktischen Vernunft und der Eigentätigkeit, wo es eine Gesellschaft, die ihre Bürger über die erste Schwelle gebracht hat, ihnen besser selbst überläßt, nach ihren eigenen Vorstellungen auch die zweite Schwelle zu überschreiten. Auf der zweiten Ebene ergibt sich bei den elementaren menschlichen Funktionsfähigkeiten etwa folgende Liste:

»1. Fähig zu sein, bis zum Ende eines vollständigen menschlichen Lebens leben zu können, soweit, wie es möglich ist; nicht frühzeitig zu sterben oder zu sterben, bevor das Leben so vermindert ist, daß es nicht mehr lebenswert ist.
2. Fähig zu sein, eine gute Gesundheit zu haben; angemessen ernährt zu werden; angemessene Unterkunft zu haben; Gelegenheit zur sexuellen Befriedigung zu haben; fähig zu sein zur Ortsveränderung.
3. Fähig zu sein, unnötigen und unnützen Schmerz zu vermeiden und lustvolle Erlebnisse zu haben.
4. Fähig zu sein, die fünf Sinne zu benutzen; fähig zu sein, zu phantasieren, zu denken und zu schlußfolgern.
5. Fähig zu sein, Bindungen zu Dingen und Personen außerhalb unserer selbst zu unterhalten; diejenigen zu lieben, die uns lieben und sich um uns kümmern; über ihre Abwesenheit zu trauern; in einem allgemeinen Sinne zu lieben und trauern sowie Sehnsucht und Dankbarkeit empfinden zu können.
6. Fähig zu sein, sich eine Auffassung des Guten zu bilden und sich auf kritische Überlegungen zur Planung des eigenen Lebens einzulassen.
7. Fähig zu sein, für und mit anderen leben zu können, Interesse für andere Menschen zu zeigen, sich auf verschiedene Formen familiärer und gesellschaftlicher Interaktion einzulassen.
8. Fähig zu sein, in Anteilnahme für und in Beziehung zu Tieren, Pflanzen und zur Welt der Natur zu leben.
9. Fähig zu sein, zu lachen, zu spielen und erholsame Tätigkeiten zu genießen.
10a. Fähig zu sein, das eigene Leben und nicht das von irgend jemand anderem zu leben.

10b. Fähig zu sein, das eigene Leben in seiner eigenen Umwelt und in seinem eigenen Kontext zu leben.« (Ebd., 339 f.)

Bei allen diesen praktischen Überlegungen ist es der Aristotelikerin wichtig, den konkreten Kontext, die Eigenart der Handelnden und deren gesellschaftliche Situation, also die Unterschiede, immer möglichst sensibel wahrzunehmen. Eine Kritik an ungerechten und unterdrückerischen Traditionen ist von dieser Position aus immer möglich, weil sie verallgemeinernde Voraussetzungen enthält. Diese Voraussetzungen sind allerdings nicht aus dem angeblichen »Wesen des Menschen« deduziert worden, sondern stellen eine Interpretation von Beobachtungen von Menschen in den verschiedensten Gesellschaften dar, wie sie von den Ethnologen oder den Mitarbeitern von UNO-Kommissionen zusammengetragen werden (ebd., 342).

Es handelt sich bei dieser Liste um ein intuitiv entwickeltes Arbeitskonzept. Sie ist nicht als wirklich systematische philosophische Theorie gemeint (Nussbaum 1990, 219).

Die notwendigen Bedingungen und Ressourcen sollen jedem zur Verfügung gestellt werden. Der Entscheidungsspielraum der einzelnen allerdings wird dadurch nicht angetastet. Nussbaum verweist auf ein Beispiel, das eine zentrale Rolle in der Ethiktheorie des indischen Ökonomen Amartya Sen spielt: »Eine Person, der ausreichend viel Nahrung zur Verfügung steht, kann sich jederzeit zum Fasten entschließen.« (Nussbaum 1993, 342) Ähnlich ist es mit dem anfangs erwähnten Impfprogramm: »Der Aristoteliker würde das Impfprogramm einführen und es dann den Bürgern überlassen, ob sie die Beziehung zu dieser Gottheit weiterhin aufrechterhalten wollen. Nichts würde sie daran hindern; sollten sie aber nach Beseitigung der Krankheit in der Befolgung des Kultes keinen Sinn mehr sehen, dann würde der Aristoteliker keine nostalgischen Tränen darüber vergießen.« (Ebd., 349)

Das Konzept für die Entwicklungspolitik beruht also auf

den menschlichen Fähigkeiten und ist dadurch realitätsnäher und flexibler als die bloße Orientierung am Bruttosozialprodukt pro Kopf; denn dieses berücksichtigt ja nicht einmal die Ressourcenverteilung und könnte durchaus einem Land mit extremen Ungleichheiten und schreiender Armut allerbeste Entwicklungsresultate zubilligen. Gegen solche groben Raster empfiehlt Nussbaum der Entwicklungspolitik ihren aristotelischen Essentialismus, denn die angebliche Wertfreiheit der neoklassischen Entwicklungsökonomie ist in Wirklichkeit eine verdrehte Stellung zur Wertfrage, weil sie das Vorhandensein von mehr Geld und mehr Ressourcen für die einzige Determinante von Lebensqualität hält, während es doch genauso wichtig ist, wem und wievielen Menschen diese Ressourcen zugute kommen. Dabei ist nicht allein der subjektiv empfundene Nutzen entscheidend, wie es der anfangs erwähnte »örtlich traditionsgebundene Relativismus und Kommunitarismus« glaubt, der die subjektiven Präferenzen, wie sie etwa in Umfragen geäußert werden, keiner weiteren kritischen Prüfung mehr unterzieht. Dadurch werden die örtlichen Normen für gut erklärt und dazu noch romantisiert. Sie hält dagegen Untersuchungsergebnisse aus Indien, in denen subjektive und eher objektive Parameter verglichen worden sind:

»Eine Umfrage unter Witwern und Witwen in Indien ergab, daß die Witwer voller Klagen über ihren Gesundheitszustand waren, während die Witwen ihren Gesundheitszustand meist als ›gut‹ einschätzten. Eine medizinische Untersuchung zeigte dagegen, daß die Witwen in Wirklichkeit sehr viel stärker als die Witwer an Krankheiten aufgrund von mangelhafter Ernährung litten. Einige Jahre später, nach einer Zeit der ›Bewußtseinsförderung‹, wurde die Untersuchung wiederholt. Die Nutzeneinschätzung der Frauen war gesunken, und zwar in dem Sinne, daß sie eine sehr viel größere Unzufriedenheit über ihren Gesundheitszustand zum Ausdruck brachten. (Ihre objektive medizinische Situation war weitgehend unverändert geblieben.) Für den Aristoteliker bedeutet dies dagegen einen Fortschritt: Ihre Wünsche und Erwartungen stimmten nunmehr besser mit der Information darüber überein, wie ein gedeihliches Leben aussehen könnte. Sie wissen nun, welche Funktionen ihnen fehlen« (ebd., 342).

Es wäre zu einfach, dieses aristotelische Denken für eine schlichte Anwendung des gesunden Menschenverstandes zu halten, obwohl etwa Hobsbawms Protest gegen den einmal um die Ecke gedachten ethnologischen Relativismus gewiß aus dem Common sense gespeist war. »Der gesunde Menschenverstand ist in der Welt der Entwicklungsländer heute, angesichts des enormen Einflusses und Ansehens der ökonomischen Theorie und in neuerer Zeit auch angesichts des scheinbar nur oberflächlichen, in bestimmter Hinsicht jedoch tief verwickelten Einflusses des traditionalistischen Kommunitarismus, in einer schwachen Position.« (Ebd., 352 f.) Aus diesem Grunde hält Martha Nussbaum den nicht ganz unkomplizierten Überbau ihrer aristotelischen Theorie des Guten für unverzichtbar, um all dem einen begrifflich durchdachten und gleichzeitig erfahrungsgesättigten sozialdemokratischen Kommunitarismus entgegenhalten zu können. Es ist ja in der Tat eine Art Hochseilakt (ebd., 353), den richtigen Weg auszubalancieren zwischen dem Hinhören auf das, was die Menschen sagen, und dem Bewußtsein, daß viele Menschen verwirrt sind, daß es ihnen an Bildung und Ausbildung mangelt, daß sie von Vorurteilen und verzerrten Präferenzen geleitet sind.

Im siebten Buch der Politik (1330a3) des Aristoteles heißt es: »Kein Bürger sollte des Unterhalts ermangeln« oder, in anderer Übersetzung: »Kein Bürger sollte mit Rücksicht auf Nahrung in Verlegenheit« sein. Aristoteles schlägt deshalb ein Programm gemeinsamer Mahlzeiten für alle Bürger (keineswegs nur für die Bedürftigen, sondern für alle) vor, und durchaus auch ein entsprechendes Modell der Gesundheitsfürsorge und der öffentlichen Erziehung für alle. Um die gemeinsamen Mahlzeiten zu bezahlen, wird der Grundbesitz in zwei Teile geteilt; ein Teil gehört den Privatbesitzern, der andere ist gemeinsam und wird wiederum zur Hälfte für die

Kosten des religiösen Kultus, zur anderen Hälfte für die Mahlzeiten verwendet. Seine Begründung: »Auf diese Weise ist die Gleichheit und Gerechtigkeit gewahrt.« (Politik 1330a16) Martha Nussbaum interpretiert das als eine recht moderne Sozialpolitik. Aristoteles hatte – entgegen vielen heutigen Auslegungen – einen ausgeprägten Sinn für die individuellen Wahlmöglichkeiten, die in einem solchen Lebenskonzept enthalten sind. Im Gegensatz allerdings zur modernen liberalen Theorie steht bei ihm das Gute als Zielvorstellung im Vordergrund, während es nach liberaler Vorstellung jedem einzelnen überlassen bleiben soll, das für ihn selbst Gute herauszufinden, und er gegenüber der Gesellschaft nur Rechtsansprüche und Pflichten hat. Läßt das aristotelische Denken genug Raum für moderne pluralistische Vorstellungen, oder will es alle Bürger in paternalistischer Manier auf eine einzige Konzeption des Guten festlegen? Dies ist die Hauptsorge des typischen Liberalen gegenüber allen essentialistischen Vorschlägen. Martha Nussbaum meint nun, daß sowohl für pluralistische als auch für lokale Spezifizierungen genug Raum bleibt. Die aristotelische Konzeption ist zu verstehen als »Einladung, an einem reflexiven Abenteuer teilzunehmen. (...) Die Teilnehmer werden versorgt mit einer Landkarte der Möglichkeiten, oder besser: eingeführt in einen Dialog über eine solche Karte, und dann, nach einfallsreichen Reflexionsprozessen, werden sie gefragt, was sie wählen würden.« (Nussbaum 1990, 237) Sie sieht durchaus das Problem der skandinavischen Sozialdemokratie, daß eine tiefe Spannung zwischen dem Wert der Entscheidungsfreiheit und dem Wert des Wohlergehens und der Wohlfahrt bestehen kann. Wahlmöglichkeiten gibt es in vier Bereichen: Die vage Konzeption des Guten läßt erstens aufgrund ihrer Unbestimmtheit einige Spielräume, zweitens bei der Entscheidung über die politischen Planungsvorgaben, drittens dann hat man die Entscheidung, in jeder einzelnen Lebenssphäre sich zu engagieren und zu »funktionieren« – oder eben nicht, und viertens innerhalb der Gestaltung der Privatsphäre. Wie weit diese definiert wird, ist von Gesellschaft zu Gesellschaft außerordentlich verschieden. Die Frage, wie weit die Regierung eigentlich in das tägliche Leben der Bevölkerung eingreifen darf, war für Aristoteles nicht von Bedeutung. In diesem Punkt (und natürlich in den heute selbstverständlichen Fragen der Ablehnung der Sklaverei und der Mitbeteiligung der Frauen an der politischen Willensbildung) weicht die moderne Aristotelikerin von dessen Denken bewußt ab.

Die entschiedene Befürwortung des Aristotelismus und Essentialismus durch eine klassische Philologin und Philosophin, die ein bedeutendes Werk über »Glück und Ethik in der griechischen Tragödie und Philosophie« geschrieben hat und heute in der Entwicklungspolitik engagiert ist, mag als ungewöhnlicher Zug erscheinen. Ihre Überlegungen sind aber durchaus zu verstehen als praxisorientierte und praxisrelevante Anwendungen kommunitarischen Denkens, entstanden aus der Opposition gegen einen ethnologischen Relativismus, der uns zur Bewegungslosigkeit und Untätigkeit in Fragen der Entwicklung verdammen würde. Die Bezeichnung »traditionalistischer Kommunitarismus« für diese Gegenposition erweckt den Anschein, daß es sich hier um eine Kontroverse unter Kommunitariern handelt. Der Genauigkeit halber sollte deshalb hinzugefügt werden, daß es unter den bekannten und in diesem Band dargestellten Kommunitariern keinen einzigen gibt, der die am Anfang dieses Kapitels karikierte Position eines ethnologischen Relativismus vertritt oder etwa gar für die Klitorisbeschneidung oder die Witwenverbrennung als erhaltenswerte lokale oder regionale Traditionen eintritt. All diese auf internationalen Konferenzen immer wieder ins Spiel gebrachten Positionen werden jedenfalls bis jetzt durchweg nicht kommunitarisch begründet, sondern vermittels von sprachphilosophischen oder sonstigen Relativismen. Gewiß ist zu erwarten, daß derartige Dinge bald auch im kommunitarischen Diskurs eine Rolle spielen werden, denn intellektuelle Moden pflegen sich in alle Bereiche und Diskussionen auszudehnen, und es gibt ja keinen patentrechtlichen Schutz gegen Unfug und Absurditäten. Bis jetzt aber lassen sich solche Thesen in den Veröffentlichungen der Kommunitarier nicht finden.

Der Schritt über den Rahmen der nationalstaatlichen Gemeinschaft in die Entwicklungspolitik ist in diesem Kapitel mit einer Methode der Interpretation menschlicher Fähigkeiten und Bedürfnisse vollzogen worden. Im nächsten Abschnitt wird diese Methode nicht mehr als erklärter Aristotelismus, sondern als kritische Hermeneutik zur Grundlage einer politischen Theorie, die sowohl den innerstaatlichen Bereich als auch die internationale Politik und damit die Fragen von Krieg und Frieden umfaßt.

8. Die Kunst der Trennungen: Michael Walzers Sphären der Gerechtigkeit

8.1 Mit welchen Methoden arbeitet das kommunitarische Denken

Michael Walzer hält die kommunitarische Liberalismuskritik für eine permanente und auch ständig notwendige Begleiterscheinung des Liberalismus. Sie hat für ihn Ähnlichkeit mit einer Bügelfalte: »gleichermaßen vergänglich, erwacht sie mit der gleichen Gewißheit zu neuem Leben« (Walzer 1993, 157). Allerdings ist er mit der gegenwärtigen Gestalt dieser Kritik nicht ganz zufrieden. Er wünscht sie sich in einer klareren und prägnanteren Form. Sie steckt nämlich seiner Meinung nach, so wie sie von Sandel, Taylor und MacIntyre vorgetragen wird, in einem grundsätzlichen Dilemma. Einerseits behauptet sie, die liberale Theorie sei das exakte Spiegelbild der herrschenden gesellschaftlichen Praxis: Die Gesellschaft sei »nichts anderes als praktizierte Aufsplitterung, Fragmentierung in Praxis, und damit das genaue Gegenteil von Gemeinschaft, welche eine Heimstatt ist für Zusammenhang, Bindung und Erzählvermögen.« (Ebd., 161) Andererseits aber stellt die kommunitarische Kritik die Behauptung auf, die liberale Theorie sei falsch, denn »Menschen ohne jede Sozialbindung, im buchstäblichen Sinne frei und unabhängig, jeder sein eigener und einziger Erfinder und Gestalter seines eigenen Lebens, ohne Kriterien, ohne gemeinsame Maßstäbe und Normen, die ihn bei der Gestaltung leiten« (ebd., 162), solche Menschen könne es überhaupt nicht geben.

Beide Kritiken sind wechselseitig nicht miteinander vereinbar. Wenn es das atomistische Individuum gar nicht geben kann, besteht nämlich eigentlich kein Grund zur kommunitarischen Beunruhigung. Dann ist und bleibt das Individuum gemeinschaftswillig, egal was die liberale Ideologie sagt. Wenn wir aber wirklich eine Gesellschaft von Fremden sind, wie die erste kommunitarische Kritik das so wortreich beklagt – ist es dann nicht völlig berechtigt, die abstrakte Gerechtigkeit an die erste Stelle zu setzen, wie die Liberalen es tun? Ist dann nicht die Sehnsucht nach Gemeinschaft bloße Nostalgie und die ganze Liberalismuskritik nichts als das übliche konservative Klagelied?

Dieser Einwand klingt plausibel, allerdings nur vordergründig. Ein Dilemma ergibt sich nämlich nur dann, wenn man voraussetzt, daß beides, nämlich die Kritik am atomistischen Menschenbild der liberalen Theorie und die Kritik an der atomistischen liberalen Praxis, sich auf genau den gleichen Zeitpunkt bezieht. Bei genauerem Hinschauen stellt sich heraus, daß die Kommunitarier einen Prozeß beklagen: Unsere liberale Ideologie führt uns zu dem falschen Selbstbild des Konkurrenzkampfes aller gegen alle, und dieses wiederum verdünnt und löst die immer noch vorhandenen sozialen Bindungen – bis schließlich die ganze Gesellschaft so zerfallen sein wird, wie sie es in einigen amerikanischen Großstädten heute schon ist. Die Kommunitarier richten ihre Kritik gegen eine real vorhandene Tendenz. Wenn sie sagen, daß das liberale Menschenbild falsch ist, meinen sie, daß Menschen in einer solch kalten Gesellschaft nicht gut leben können. Gesellschaften, in denen es sich nicht menschenwürdig leben läßt, gibt es aber derzeit in großer Zahl auf der Welt, und vor 1989 gab es noch mehr davon. Die Kommunitarier fürchten ja gerade, daß ein falsches Menschenbild zur Konstruktion einer falschen, weil menschenfeindlichen

Gesellschaft führt, daß also die soziale Realität sich dem Menschenbild des Mißtrauens und der Geldgier anpaßt.

Es ist ein Mißverständnis, die kommunitarische Kritik für ein vorwiegend akademisches Phänomen zu halten, nur weil sie uns durch die Schriften einiger wirklich interessanter und ernst zu nehmender Philosophen bekannt geworden ist. Sie formulieren mit anspruchsvolleren Argumenten eigentlich nur das, was den Gefühlen und Empfindungen sehr großer Teile der amerikanischen Mittelklasse entspricht – und auch dem Denken sehr vieler ehemaliger Vietnamkriegsgegner, vieler Aktivisten der Bürgerrechtsbewegung oder der diversen demokratischen Wahlkämpfe, sei es für George McGovern oder für Jesse Jacksons Regenbogenkoalition, die die verschiedensten buntalternativen Gruppen und Bewegungen vergeblich hinter einem Kandidaten zu versammeln suchte.

Walzers argumentativer Gegenzug ist allerdings interessant. Er verteidigt das liberale Denken, ja, er reiht sich sogar in die liberale Frontlinie ein, wenn er von »uns Liberalen« (ebd., 161) spricht. Und doch, er verteidigt die liberale Position mit kommunitarischen Argumenten. Die liberale Tradition ist nämlich längst *die* Tradition unserer Gesellschaft geworden. Der praktizierte Liberalismus ist inzwischen unser volkstümliches Glaubensbekenntnis (ebd., 166), und moderne Individuen würden sich in einer fest durchorganisierten und auf gegenseitiger Liebe beruhenden Gemeinschaftsordnung wahrscheinlich äußerst unwohl und keineswegs zu Hause fühlen.

Der atomistische Individualismus ist nach Walzer in der amerikanischen Sozialpraxis besonders ausgeprägt. Es sind – die in Kapitel 5 bereits diskutierten – vier Mobilitäten, die die gegenwärtige Gesellschaft vor allem auszeichnen:

1. Die geographische Mobilität. »Amerikaner scheinen ihren Wohnsitz öfter zu wechseln, als dies bei irgendeinem anderen Volk jemals zu beobachten war – zumindest seit der Großen Völkerwanderung und mit Ausnahme der Nomadenstämme.«

2. Die soziale Mobilität. Nur wenige Bürger übernehmen und erben den sozialen Status ihrer Vorfahren oder üben den gleichen Beruf wie ihre Eltern aus – das Erbe der Gemeinschaft, die Überzeugungen und Gebräuche werden dementsprechend allenfalls noch auf sehr unsichere Weise weitergegeben.
3. Die Ehemobilität. Die Trennungs-, Scheidungs- und Wiederverheiratungsraten in den USA sind heute höher als je zuvor und vermutlich höher als sie in irgendeiner anderen Gesellschaft jemals waren.
4. Die politische Mobilität: Der traditionell parteiloyale oder gewerkschaftsgebundene Stammwähler ist weitgehend verschwunden, weil auch die Wohnung, der soziale Standort und die Familienzugehörigkeit zum größten Teil ihre Bedeutung für die Ausbildung der persönlichen Identität verloren haben (ebd., 164 ff.).

All diese Mobilitäten haben gewiß befreiende Wirkungen – sie haben allerdings alle auch ihre »Kehrseite, bestehend aus Kummer und Unzufriedenheit, die in periodischen Abständen artikuliert werden; und so ist der Kommunitarismus nichts anderes als die periodisch wiederkehrende Artikulation dieser Empfindungen. Was in ihm Ausdruck findet, ist ein Verlustgefühl, und der empfundene Verlust ist real. Es ist nicht so, daß die Menschen ihre alten Nachbarschaften oder Heimatstädte immer freiwillig und mit Freuden verließen.« (Ebd., 166) Hier liegt die Berechtigung der kommunitarischen Kritik: »Da der Liberalismus eine selbstzerstörerische Lehre ist, braucht er die periodische kommunitarische Korrektur tatsächlich.« (Ebd., 170) Unsere Gesellschaft neigt nämlich nicht nur dazu, etwa durch Berufs- und Ortswechsel liebgewordene Nachbarschaftsbindungen zu zerstören, sondern beseitigt durch die gegenseitigen Entfremdungsprozesse der Bürger auch die Bereitschaft, sich für die Gemeinschaft einzusetzen, Steuern zu zahlen oder etwa durch Straßenkriminalität bedrohte Mitbürger zu schützen. Sie zehrt sozusagen gegenwärtig noch von einem Vorrat des Gemeinsinns, dem sie selbst aber nichts mehr hinzufügen kann. Wenn er eines Tages aufgebraucht sein wird, verfällt die Gesellschaft in jene Formen von Anomie, die in den amerikanischen Gettos und inzwischen auch schon in den Bahnhofsgegenden deutscher Großstädte wie Berlin, Frankfurt, München und Hamburg zu beobachten ist. Das liegt daran, daß die liberale Lebenswelt jederzeit alle freiwilligen sozialen Vereinigungen mit Dissoziation, mit Auflösung bedroht. »Die Grenzen der je einzelnen Gruppe werden nicht überwacht, die Menschen kommen und gehen, oder sie entfernen sich von der Gruppe, ohne sich und den anderen jemals voll einzugestehen, daß sie sie verlassen haben. Das ist der Grund, weshalb der Liberalismus mit Schnorrer- und Schmarotzer-Problemen zu kämpfen hat, d.h. mit Leuten, die die Vorteile von Zugehörigkeit und Identität auch dann noch genießen, wenn sie sich an den Aktivitäten, welche diese Vorteile produzieren, längst nicht mehr beteiligen. Im Gegensatz dazu ist der Kommunitarismus der Traum vom Ende allen Schnorrertums.« (Ebd., 171)

Wenn man, wie Walzer das vorschlägt, dieses Problem durch Interpretation des Charakters freiwilliger Assoziationen verstanden hat, dann kann man sich sozusagen unideologische Lösungsansätze dafür vorstellen. Walzer nennt drei Beispiele: Als die vier Mobilitäten in den 30er Jahren die Solidarität der amerikanischen Arbeiter so sehr unterhöhlt hatten, daß ihre soziale Stellung gefährdet wurde, versuchte die Regierung mit dem »Wagner Act« die Stellung und Verhandlungsmacht der Gewerkschaften zu festigen und das Schnorrer-Problem dadurch zu lösen, daß Kollektivverhandlungen vorgeschrieben wurden, wenn eine mehrheitliche Unterstützung der Gewerkschaften gegeben war, und indem sie sogenannte »closed shops« zuließ – Betriebe, in denen nur Gewerkschaftsmitglieder eingestellt wurden. Das zweite Beispiel sind die Steuerbefreiungen und Steuererleichterungen für religiöse Gruppen, damit diese Sozialeinrichtungen wie Kindertagesstätten, Alten- und Pflegeheime betreiben. Ein voll verstaatlichtes System würde den lokalen und partikularistischen Solidargemeinschaften die Luft abschnüren – auf diese Weise aber werden die sozialen Dienste stärker in den Bereich der Eigentätigkeit und freiwilligen Aktivität gerückt.

Das dritte Beispiel sind die Betriebsstillegungsgesetze zum Schutz lokaler Arbeits- und Lebensgemeinschaften. Auch dies sind keine genuin liberalen, sondern kommunitarische Aktivitäten, denn der Arbeitsmarkt verlangt nach mobilen, nicht ortsgebundenen Arbeitskräften. Gemeinden und Staat schätzen aber in solchen Fällen (meist bedrängt durch die Wählerstimmen der Betroffenen) den Erhalt von Nachbarschaften als den höheren Wert ein.

Diese drei Beispiele zeigen, daß es in der politischen Realität nicht so sehr um Fragen der Konstituierung des Selbst und des Individuums geht, wie der Streit zwischen der Konzeption des heroischen und einsamen Individuums der Liberalen und dem eingebetteten Gemeinschaftswesen der Kommunitarier den Anschein erweckt hat. »Das zentrale Thema der politischen Theorie ist nicht die Konstituierung des Selbst, sondern die Verbindung, in welche die vielen sich ihrer selbst bewußten Ichs zueinander treten, mithin das Muster und die Struktur ihrer sozialen Beziehungen.« (Ebd., 179) An diesem Punkt zeigt sich Michael Walzer als der am meisten politisch denkende und argumentierende Theoretiker in diesem Diskussionszusammenhang. Das »nicht..., sondern« des eben zitierten Satzes ist zwar nicht schlüssig, weil das eine das andere ja nicht ausschließt und weil es außerordentlich wichtig ist, welche Arten von Individuen in eine soziale Interaktion treten. Die Konstituierung dieser Individuen ist deshalb in der Tat eine Grundlagenfrage. Aber es ist durchaus angemessen, wenn Walzer eine Akzentverlagerung der Diskussion weg vom Konzept der Individualität und hin zur Wahrnehmung und Interpretation sozialer Zusammenhangsstrukturen vornimmt.

Besonders interessant ist bei Walzer die Methode seiner Argumentation. An den oben genannten drei Beispielen, wie dem Problem der Unbeständigkeit und der parasitären Ausnutzung freiwilliger Assoziationen gegengesteuert werden kann, ist dies recht gut darstellbar. Alle drei beruhen auf einer besonderen Interpretation des Charakters und der Konstitutionsbedingungen solcher Gruppierungen. Walzer unterscheidet drei Argumentationsweisen in der Moralphilosophie: den Weg der Entdeckung, den Weg der Erfindung und den Weg der Interpretation (Walzer 1990a, 11). Seine Verfahrensweise ist die hermeneutische Interpretation, die Deutung einer Situation mit der Herausarbeitung ihrer internen Probleme, Schwächen und möglichen Bruchstellen, aus denen sich dann praxisnahe Lösungsansätze ergeben – möglichst solche, die sich irgendwo schon einmal in anderen Zusammenhängen bewährt haben.

Die Stärke dieser Methode zeigt sich, wenn man sie mit den beiden anderen Wegen konfrontiert. Der Weg der Entdeckung ist aus der Religionsgeschichte bekannt: Irgend jemand steigt auf den Berg oder geht in die Wüste, begegnet dort dem sich offenbarenden Gott und bringt uns das Resultat, womöglich in Steintafeln gemeißelt. Nicht viel anders glauben Philosophen, ein natürliches Moralgesetz, ein Naturrecht oder ähnliches zu »finden« oder zu »entdecken«.

Der Weg der Erfindung beginnt mit einem Konstruktionsverfahren für die Produktion von moralischen Normen. Die »bekannteste und eleganteste« (ebd., 19) Lösung hierfür stammt von John Rawls, der die von Interessen und Ideologien unverzerrte Beratung hinter einem Schleier des Nichtwissens als Kriterium einer gerechten Regelung vortrug. Das Problem dieser Methode ist: Warum sollte man eigentlich irgendwelchen erfundenen Prinzipien folgen? Insbesondere dann, wenn man bereits eine gemeinsame Moral und Kultur teilt? In einer schönen Metapher meint Walzer, daß ein solches Modell an die Stelle unseres Heims so etwas wie ein Zimmer im Hilton Hotel setzt: praktisch, überall die gleiche Ausstattung, komfortabel, aber nicht sehr wohnlich. Für Flüchtlinge, Vertriebene, Exilierte mag ein solches Zimmer als Rettung und Zuhause erscheinen. Die meisten Menschen aber möchten »sich in einem neuen Zuhause einrichten, in einer dichten moralischen Kultur, in der sie ein Gefühl der Zugehörigkeit entwickeln können« (ebd., 24).

Dagegen setzt Walzer seinen Weg der Interpretation. Die Moral braucht nicht vollkommen neu erfunden zu werden, sondern wir haben »eine Bestandsaufnahme oder ein Modell einer bereits bestehenden Moral, das uns eine klare und verständliche Darstellung der kritischen Stärke ihrer eigenen Prinzipien vermittelt, jedoch ohne das verwirrende Dazwischentreten von Vorurteilen oder egoistischen Sonderinteressen.« (Ebd., 25) Dieser Weg soll nach Walzers Ansicht keineswegs ganz auf Konstruktion und Erfindung verzichten, denn der Philosoph soll die moralische Wirklichkeit nicht unbefragt hinnehmen, sondern aus ihren Vorgaben einen Idealtyp machen. Es handelt sich um eine minimalistische Version des Erfindens, die aber Momente von Gesellschaftskritik, nämlich einer reflektierten Interpretation enthält. Dieser Punkt ist der schwierigste und komplexeste in Walzers Denken und wird am meisten mißverstanden. Interpretation gilt als konservativ, weil sie auf dem Gegebenen basiert. Radikale Kritik und Änderung sind in ihr nicht vorgesehen. Wenn sie von einer beengten, traditionalen Gesellschaft ausgeht, wird sie keine Möglichkeiten und keinen Anreiz anbieten können, um diese zu überschreiten. Walzer versteht sich aber als Gesellschaftskritiker, er möchte gegebene Strukturen nicht einfach hinnehmen, sondern überschreiten. Woher kommt bei ihm der Antrieb zur Überschreitung? Handelt es sich um einen Bruch in seinem Denkansatz, oder läßt sich seine sozialdemokratische Gesellschaftskritik mit dem kommunitarischen Weg der Interpretation vereinbaren?

Die »Erfindung« läßt sich mit der Arbeit einer verfassunggebenden Versammlung vergleichen, die Interpretation eher mit einem Urteil, also mit der Arbeit der Judikative. Nicht ein abstraktes Modell wird vorgegeben, sondern vielmehr eine »dichte Beschreibung« (vgl. Geertz 1983). »Was wir tun, wenn wir moralisch argumentieren, besteht darin, eine Bestandsaufnahme der bereits existierenden Moral vorzunehmen. Und diese Moral verpflichtet uns kraft der Autorität ihres Vorhandenseins: d.h. kraft dessen, daß wir nur als die moralischen Wesen existieren, die wir nun einmal sind.« (Walzer 1990a, 31) Jede Moralität enthält in sich immer schon ein Potential der Kritik, auch wenn es kritischere und weniger kritische Moralauffassungen gibt. »Moral hat stets einen für Klassenherrschaft und Macht potentiell subversiven Charakter.« (Ebd., 31) Deshalb kann die Kritik des Bestehenden immer mit Grundsätzen beginnen, die dem Bestehenden bereits innewohnen (ebd.). Die grundlegenden Verbote der Moral, wie etwa das Verbot zu morden, zu betrügen, zu verraten, Grausamkeiten zu begehen, sind allgemeiner als die Rechtsnormen und scheinen ziemlich universal gültige Minimalstandards zu sein. »Wir können sie uns wohl am besten weder als entdeckte noch als erfundene, sondern als allmählich hervortretende Verbote vorstellen, als das Ergebnis vieler Jahre, von Versuch und Irrtum, von immer wieder scheiterndem, partiellem und unsicherem Verstehen – ähnlich wie David Hume mit Bezug auf das Verbot des Diebstahls (zum Zwecke der ›Stabilität des Besitzes‹) ausführt, daß dieses Verbot ›schrittweise entsteht und langsam erst, durch unsere wiederholte Erfahrung der Nachteile, die aus seiner Übertretung erwachsen, an Kraft gewinnt.‹« (Ebd., 34)

Solche Verbote ergeben gewiß nur eine recht rudimentäre Moral, sie stellen sozusagen nur die gröbsten Umrisse dar. »Erst wenn die Diskussionen eine gewisse Kontinuität annehmen und sich das wechselseitige Verstehen allmählich verdichtet, erhalten wir so etwas wie eine moralische Kultur (ebd., 35). Diese allerdings ist dann so heillos pluralistisch, wie es von Reisenden in fremde und ferne Länder immer schon bemerkt worden und gegen die Verbindlichkeit von moralischen Regeln ins Spiel gebracht worden war. Diesem Pluralismus kann man offenbar nicht ausweichen, auch durch keine Konstruktion einer verbindlichen Weltmoral. Es bleibt nur die Interpretation, und es gibt keinen anderen Weg als diese.

Diese Behauptung Walzers hat sehr viel für sich, denn selbst ein Moraltheoretiker, der vom göttlichen Gebot oder von dem kühnen Entwurf einer verfassunggebenden Versammlung ausgeht, bleibt darauf angewiesen, daß diese ursprünglichen Gebote dann angewendet und ausgelegt werden müssen – auch sie verlangen nach Interpretation. Für die Anwendung ist dies heute wohl unbestritten. Walzers Behauptung geht allerdings weiter und meint, daß es in der Geschichte der Moralität eigentlich keine wirklich umwälzenden Entdeckungen oder Erfindungen (wie etwa in den Naturwissenschaften) gegeben hat. Auch die Menschenrechte oder das utilitaristische Prinzip des größtmöglichen Nutzens für die größtmögliche Zahl läßt er nicht als Erfindungen gelten. Moralischer Fortschritt hat für ihn weniger mit neuen Prinzipien zu tun, als vielmehr damit, »daß zuvor aus den alten Prinzipien ausgeschlossene Männer und Frauen in ihren Geltungsbereich eingeschlossen werden. Und dies ist eher eine Angelegenheit (der tagtäglichen Arbeit) von Gesellschaftskritik als der (Paradigmen zerschmetternden) philosophischen Spekulation.« (Ebd., 37)

Die Moral unterliegt also der ständigen Diskussion und dem ständigen Streit um die richtige Auslegung. »Der Streit impliziert, daß wir sie gemeinsam besitzen, doch dieser gemeinsame Besitz garantiert keine Übereinstimmung. Es gibt eine Überlieferung, einen Korpus moralischen Wissens; und es gibt eine Gruppe von Weisen, die sich streiten. Etwas anderes gibt es nicht« (ebd. 42). An diesem Punkt bleibt Walzer in seiner Argumentation stehen, während die Diskursethik von Jürgen Habermas und Karl-Otto Apel von einer ganz ähnlichen Einsicht ausgehend einen Schritt weiter macht: nämlich hin zur Reflexion auf die gemeinsame Basis dieses Streits in der gegenseitigen Anerkennung der Diskursteilnehmer.

Walzer geht einen anderen Weg und versucht ein Modell zu erfinden, wie man von der Interpretation zur Gesellschaftskritik übergehen kann. Ein radikaler Abstand von der bestehenden Gesellschaft, wie das etwa Herbert Marcuse, Jean-Paul Sartre und andere für sich in Anspruch nahmen, ist für ihn keine Vorbedingung für Gesellschaftskritik (ebd., 47). Der Kritiker, wie er ihn sich vorstellt, ist nicht der Außenseiter, der völlig Fremde, die kritische Autorität von außen, wie etwa der imperiale Richter in einer zurückgebliebenen Kolonie des Empire oder ein Pariser Marxist, der von dort aus die Weltprobleme lösen will, sondern der lokale Richter. »Dieser Kritiker ist einer von uns. Vielleicht hat er Reisen gemacht und im Ausland studiert, doch er beruft sich auf örtliche und vor Ort geltende Grundsätze; wenn er auf seinen Reisen neue Ideen gewonnen hat, so versucht er, diese mit der heimischen Kultur zu verknüpfen, wobei er sich auf seine ureigene Kenntnis stützen kann; er steht seiner Gesellschaft nicht mit intellektuellem Abstand gegenüber. Ebensowenig steht er im emotionalen Abstand zu ihr, er will nicht das Beste *für* die Einheimischen, sondern bemüht sich, ihr gemeinsames Unterfangen zum Erfolg zu führen.« (Ebd., 49) Beispiele hierfür sind Alexander Herzen im Rußland des 19. Jahrhunderts, Achad Ha'am (1856-1927), der einen auf das jüdische Kulturerbe gründenden überstaatlichen Zionismus vertrat, Mahatma Gandhi in Indien oder George Orwell in England. Diese Art von Kritik ist gewiß die verbreitetste Art von Gesellschaftskritik. »Aber sie gilt als philosophisch unanständig.« (Ebd., 50) Ihr fehlt die kritische Distanz. Ihre Maßstäbe erfüllen nicht den Anspruch, »objektiv« zu sein, weil sie nicht von außen kommen.

Wie kann man nun eine bessere von einer schlechteren Interpretation moralischer Maßstäbe unterscheiden? Eine eindeutig alles Bestehende rechtfertigende Interpretation hätte gewiß den Charakter einer Ideologie. Sie ist deshalb falsch, weil weder wir selbst in unserem alltäglichen Verhalten noch eine Gesellschaft je wirklich auf der Höhe der Maßstäbe leben, die für uns oder für sie in Kraft sind. Kritik ist immer notwendig, um uns zu erinnern. In diesem Sinne ist die kritische Interpretation sogar »die einzig ›natürliche‹« (ebd., 59). Aber darüber hinaus gibt es keinen verbindlichen Bewertungsmaßstab, denn auch der Kritiker kann sich irren. In seiner Darstellung der Methode von elf der wichtigsten Gesellschaftskritiker unseres Jahrhunderts hat Walzer reihenweise solche Fehler und Irrtümer aufgezeigt (Walzer 1991b). Walzer gibt deshalb auf diese Frage ganz bewußt die Nicht-Antwort: Die Diskussion ist nicht zu beenden, sie findet allenfalls im Moment des moralischen Urteils einen zeitweiligen und vorläufigen Endpunkt. Am Ende eines großen intrigenreichen Politskandals steht der Schurke fest: Der Hauptmann Dreyfus wird auf die Teufelsinsel verbannt. Jahre später stellt sich seine Unschuld heraus, der Staatsapparat erwies sich als der Übeltäter.

Die oppositionelle Haltung ist ebensowenig eine Garantie für Objektivität. Walzer zeigt das am Beispiel Jean-Paul Sartres. Nachdem dieser sich auf die Seite der algerischen Nationalisten gestellt hatte, »schien er unfähig dazu, auch nur ein einziges Wort der Kritik an ihren Prinzipien oder ihrer konkreten Politik zu äußern. So zielt er mit seinen Ideen nur in eine Richtung – wie ein Soldat sein Gewehr, allerdings wohl mit größerem Recht, nur in eine Richtung anlegen mag.« (Walzer 1990a, 71) Sartre selbst beschrieb sich als »Feind«, sogar als »Verräter«, eben als Kritiker aus einer anderen Welt. Für Walzer dagegen ist kritische Distanz »eine Frage von Zentimetern« (ebd., 74).

Deutlicher noch als bei Sartre zeigte sich das Problem bei den russischen Bolschewiki. »Die bolschewistischen Führer machten keine ernstliche Anstrengung, sich selbst mit den gemeinsamen Werten der russischen Kultur zu verbinden. Und darum blieb ihnen, nachdem sie einmal die Macht ergriffen hatten, nichts anderes übrig, als ›das Volk zu einem gewaltsamen Erwachen zu zwingen.‹« (Ebd., 76) Unverbundene, radikal von außen kommende Kritik drängt, in die Praxis umgesetzt, zur Manipulation und zur Ausübung von Zwang.

Ein anderes Beispiel jener Art von Sozialkritik, die Walzer wegen zu großer Distanz zur Gesellschaft ablehnt, ist die »einsame Politik Michel Foucaults«, die ihn an das erinnert, was man in der sozialistischen Arbeiterbewegung als »infantilen Linksradikalismus« bezeichnet, d.h. als jene Haltung, die sich bemüht, jederzeit auch die radikalsten Parolen des politischen Kampfes zu überbieten. (Walzer 1991b, 262) Walzer kritisiert an Foucault die Abwesenheit einer klaren Vorstellung des Politischen. Sein Gespür für die Unterdrückungsmechanismen in Gefängnissen, Krankenhäusern und psychiatrischen Anstalten ist bewundernswert, aber er unterscheidet »nicht grundsätzlich zwischen den Gulag- und den Kerker-Archipelen. Ich meine auch, daß er keine solche Unterscheidung treffen kann, solange er sich aufgerufen fühlt, die Idee der ›Grundrechte‹ zu verneinen und die Grenzlinie zwischen Schuld und Unschuld zu verwischen.« (Ebd., 278) Foucault geht es nicht um die Tyrannis, sei es eines Herrschers, der Partei oder eines Staates, sondern er konzentriert sich auf das, »was er sich als den ›Mikro-Faschismus‹ des Alltagslebens vorstellt« (ebd., 279). Deshalb gehen ihm die grundlegenden politischen Unterscheidungen zwischen Verfassungsstaat und totalitärer Politik verloren.

Das Prophetentum im alten Israel dient Walzer als Beispiel für eine immanente Kritik, die an die gemeinsamen Werte der schon bestehenden Gesellschaft appelliert und ihre Einhaltung einklagt. Die Propheten waren keine Sonderlinge, Exzentriker und Einzelgänger (Walzer 1990a, 97), sondern nur die herausragendsten Sprecher der israelischen Selbstinterpretation. Selbstverständlich kann man aus ihren Predigten einige universale Regeln abstrahieren; entscheidend ist aber in Walzers Sicht, daß diese Propheten, und an allererster Stelle Amos, der Kritiker des Reichtums und der Reichen, aus der Partikularität heraus als zur Gesellschaft Dazugehörige sprachen.

Walzer legt Wert darauf, radikal partikularistisch zu argumentieren. »Ein Weg, das Unternehmen der Philosophie zu beginnen – vielleicht ist es der eigentliche Weg –, besteht darin, aus der Höhle zu treten, die Stadt zu verlassen, den Berg zu besteigen und sich selbst einen objektiven und universalen Standpunkt zu gestalten (was normalen Männern und Frauen nie gelingt). (...) Ich aber habe vor, in der Höhle zu bleiben, in der Stadt, auf dem Boden. Ein anderer Weg zu philosophieren ist, seinen Mitbürgern die Welt der Bedeutungen, die wir teilen, zu interpretieren. Gerechtigkeit und Gleichheit können eventuell als philosophische Kunstprodukte ausgearbeitet werden, eine gerechte oder egalitäre Gesellschaft aber nicht.« (Walzer 1992, XIV) Der Philosoph, der lieber in der Höhle bleibt, um seinen Mitbürgern näherzubleiben, der weniger am Begriff der Gleichheit, sondern mehr an einer Gesellschaft der Gleichen interessiert ist, wie sie verborgen in unseren Begriffen und Kategorien schon existiert, ist eine radikal antiplatonische Figur.

8.2 Die Kunst der Trennungen

Die allererste wichtige Trennung, die allen modernen Gesellschaften zugrunde liegt, ist die zwischen Kirche und Staat. Die Ausübung des Glaubens wurde dadurch zur individuellen Gewissensangelegenheit. Das war für die Vielfältigkeit der Glaubens- und Gewissensformen ebenso befreiend wie für das staatliche Handeln. Die akademische Freiheit ist schon im Mittelalter entstanden aus der Trennungslinie zwischen Universitäten auf der einen, Staat und Kirche auf der anderen Seite. Hinter den Mauern der Universitäten galten ihre eigenen internen Straf- und Disziplinierungsregeln. Ähnlich die Trennung zwischen Wirtschaft und Politik, zwischen dem Bereich des Wettbewerbs, dem Arbeits-, Waren- und Kapitalmarkt auf der einen Seite und den politischen Entscheidungen, die zumindest der Absicht nach nicht durch Bestechung erkauft werden sollen, auf der anderen Seite. Alle diese Trennungen zusammengenommen machen die Welt des Liberalismus aus. Er »ist ein Welt von Mauern, und jede erzeugt eine neue Freiheit« (Walzer 1992a, 38).

»Bei der Linken stand die Kunst der Trennung niemals in hohem Ansehen, besonders nicht bei der marxistischen Linken, die sie gewöhnlich eher für ein ideologisches Projekt als für ein praktisch funktionierendes Unterfangen gehalten hatte.« (Ebd., 42) Marx hielt diese Trennungen, vor allem in seiner Schrift »Zur Judenfrage« (MEW 1, 366), für eine höchst bedenkliche und zu überwindende Sache (ebd., 43). Für Walzer hingegen ist die Kunst der Trennungen »eine politisch und moralisch notwendige Anpassung an die Komplexität des modernen Lebens« (ebd., 46). Marxisten gehen durchweg von einer Idee der organischen Ganzheit und der einheitlichen Veränderung der Gesellschaft als Ganzes aus und haben deshalb, verführt durch diese utopischen Einsprengsel in ihrem Denken, auch analytisch nie einen Blick für die Funktion separater Teilbereiche und selbständiger Institutionen entwickelt. Sie neigen durchweg dazu, mit schnell herbeigezogenen Argumenten alle wirklich vorhandenen Trennungen zu bestreiten und als bloßen Schein einer vollkommen einheitlichen kapitalistischen Wirtschaftsordnung zu »entlarven«. Die marxistische Klassentheorie scheint zwar darauf angelegt zu sein, die Gesellschaft konflikthaft zu denken. Tatsächlich aber wird dieser mögliche Differenzierungsgewinn durch die radikale Reduktion der Konfliktlinien auf den einzig für entscheidend gehaltenen Gegensatz von Lohnarbeit und Kapital verschenkt.

Für Walzer hängen Freiheit und Gleichheit vom Erfolg der Trennungen ab. Werden sie nicht durchgehalten, wie das allzu oft in unseren Gesellschaften geschieht, dann kann »der Reichtum selbst, nachdem alle politische Tyrannei abgeschafft ist, tyrannische Formen annehmen. Der große Erfolg, den die Kunst der Trennung für sich verbuchen konnte, ist die eingeschränkte Regierungsgewalt, aber eben dieser Erfolg ebnet dem, was Politikwissenschaftler *private Regierungsgewalt* (private government) nennen, den Weg. Mit ihrem Einspruch gegen private Regierungsgewalt beginnt erst eigentlich die Kritik der Linken am Liberalismus.« (Ebd., 49) Der liberalismuskritische Einwand ist also nicht, wie noch bei Marx, die Getrenntheit, die durch Zentralisation der Macht überwunden werden sollte, sondern gerade das Fehlen, die nicht hinreichend konsequente Durchführung der Trennungen. Es kommt also darauf an, die Wirtschaft ihrer politischen Macht zu entkleiden und kooperative Eigentumsformen zu entwickeln. Walzer stellt sich wirtschaftsdemokratische Strukturen analog zur Selbstverwaltung der religiösen Gemeinden vor, die sich ja ebenfalls aus der Trennung von Kirche und Staat entwickelt haben. Ein stimmiger Liberalismus enthält also derartige kommunitarische Formen und würde in einen demokratischen Sozialismus übergehen (ebd., 52). Der Markt soll nicht, wie in antiliberalen Formen des Sozialismus, abgeschafft und auch nicht beschränkt oder gebremst werden, sondern er soll von der Politik unabhängig sein und diese seinerseits nicht im direkten Durchgriff gestalten. Es muß bestimmte Bereiche von Dingen geben, die nicht käuflich sind: Wählerstimmen, Ämter, Geschworenenentscheidungen, Zugang zu Bildungseinrichtungen usw. (ebd., 56).

8.3 Sphären der Gerechtigkeit

Das Geheimnis des Politischen, wie Michael Walzer es konzipiert, ist die Auffassung der Gesellschaft als einer in Sphären getrennten Welt. Wenn in ihr Gerechtigkeit verwirklicht werden soll, kann dies nicht nach einem einheitlichen Schema geschehen, sondern in einer Weise, die die Güter, die in jeder einzelnen dieser Sphären zu verteilen sind, nach ihrer Beschaffenheit analysiert und bewertet und je nach zu verteilendem Gut ganz unterschiedliche Weisen der Verteilung entwickelt.

Simple Gleichheit, bei der ich vierzehn Hüte bekomme, wenn du vierzehn Hüte hast (Walzer 1992, 47), ist immer nur für kurze Momente aufrechtzuerhalten. Die ständigen Umwandlungsprozesse und der freie Tausch auf dem Markt werden mit Gewißheit zu Ungleichheiten führen. Will man dann – vielleicht in periodischen Abständen – die Gleichheit wiederherstellen, ist das nur durch Zwang, d.h. durch einen zentralisierten und aktivistischen Staat möglich (ebd., 41).

Walzer plädiert deshalb für *komplexe Gleichheit*. Sie soll ein Netz von Beziehungen erzeugen, »das Dominanz und Vorherrschaft verhindert. Formal gesprochen bedeutet komplexe Gleichheit, daß die Position eines Bürgers in einer bestimmten Sphäre oder hinsichtlich eines bestimmten sozialen Gutes nicht unterhöhlt werden kann durch seine Stellung in einer anderen Sphäre oder hinsichtlich eines anderen sozialen Gutes. So kann Bürger X Bürger Y bei der Besetzung eines politischen Amtes vorgezogen werden mit dem Effekt, daß beide in der Sphäre der Politik nicht gleich sind. Doch werden sie generell solange nicht ungleich sein, wie das Amt von X diesem keine Vorteile über Y in anderen Bereichen verschafft, also etwa eine bessere medizinische Versorgung, Zugang zu besseren Schulen für seine Kinder, größere unternehmerische Chancen usw. Solange das Amt kein dominantes Gut ist, ist es nicht allgemein konvertierbar; die es innehaben, stehen – zumindest potentiell – in einem Verhältnis der Gleichheit zu den von ihnen regierten oder verwalteten Männern und Frauen.« (Ebd., 49)

Dies ist der zentrale Ausgangspunkt von Walzers Theorie der Gerechtigkeit. Kein sozialer Vorteil sollte an jemanden einfach aufgrund der Tatsache verteilt werden, daß er schon einen anderen Vorteil oder ein anderes Gut besitzt. Einem erfolgreichen Militär sollte nicht schon aufgrund dieser Tatsache auch politische Führungskompetenz zufallen, einem bedeutenden Romanschriftsteller sollte man nicht allein deshalb schon ein Urteil in Fragen der Ökonomie oder Außenpolitik zutrauen. »Im großen und ganzen werden die besten Politiker, Unternehmer, Wissenschaftler, Soldaten und Liebhaber unterschiedliche Menschen sein; und solange die Güter, die sie besitzen, ihnen keine weiteren Güter eintragen, gibt es keinen Grund, ihre Fähigkeiten und Leistungen zu fürchten.« (Ebd., 50)

Wie die Trennungslinien zwischen den einzelnen Bereichen zu ziehen sind und welche Art von Verteilung in jedem einzelnen Bereich als gerecht empfunden wird, hängt von den geteilten Überzeugungen einer politischen Gemeinschaft ab. Walzer glaubt nicht an so etwas wie einen Nationalcharakter als festgelegten und dauerhaften geistigen Rahmen, hält aber geteilte Empfindungen und Intuitionen unter den Mitgliedern einer historisch gewachsenen Gemeinschaft für eine Lebenstatsache (ebd., 61). Nur auf dem Wege der Interpretation und durch den Appell an gemeinsame Bedeutungen können hier angemessene Lösungen gefunden werden, die Walzer in seinem Buch in beinahe enzyklopädischer Weise für die verschiedenen gesellschaftlichen Bereiche durchdiskutiert.

Die allererste Frage der Verteilungsgerechtigkeit ist: Wer ist Mitglied der Gruppe, innerhalb derer verteilt werden soll, und wer nicht? Wie also wird die politische Gemeinschaft konstituiert? Die Mitgliedschaft ist das erste und grundlegende Gut, das zur Verteilung ansteht. Hannah Arendt hat eindrucksvoll das Schicksal der Staatenlosen, der *displaced persons,* in unserem Jahrhundert beschrieben, die als Flüchtlinge, Vertriebene, Ausgestoßene und Verfolgte nirgendwo garantierte Rechte besaßen. Die Frage ist wichtig, denn freie und reiche Gesellschaften werden von Bewerbern umlagert. Wir haben also zu entscheiden: »Wen sollen wir aufnehmen? Sollen wir offenen Zugang für jeden haben? Können wir unter den Bewerbern auswählen? Was sind die angemessenen Kriterien für die Vergabe der Mitgliedschaft?« (Ebd., 66)

Es zeichnet Walzer als politischen Theoretiker aus, daß er diese Fragen um so vieles präziser formuliert, als das im deutschen Diskurs üblich ist. Entscheidend ist aber seine Antwortmethode: durch Analogien, wie es Nachbarschaften, Vereine und Familien handhaben. Aus der spezifischen Differenz hierzu entwickelt er die Eigentümlichkeit der politischen Vereinigung. In eine Nachbarschaft kann, formal gesehen, jeder einziehen. Vereine haben normalerweise besondere Aufnahmeausschüsse und suchen sich ihre Mitglieder nach ihrem gemeinsamen Ziel oder ihrer Exklusivität aus. Die Mitglieder werden von denen aufgenommen oder abgewiesen, die schon drin sind. Ein Charakteristikum von Familien ist es, »daß ihre Mitglieder sich moralisch mit Menschen verbunden fühlen, die sie sich nicht ausgesucht haben und die außerhalb des eigenen Haushalts leben« (ebd., 78). .So gesehen liegen Staaten zwischen Vereinen und Familien. Gegenüber Fremden gibt es eine Verpflichtung zur Aufnahme, sofern diese auf der Flucht sind. Die Forderung des Flüchtlings: »Nehmt mich auf, sonst werde ich von denen, die in meinem eigenen Land herrschen, getötet, verfolgt oder brutal unterdrückt« (ebd., 88 f.) läßt sich kaum abschlagen. Walzer verweist aber darauf, daß es sich um Rechte von Einzelpersonen handelt. Kommen die Flüchtlinge in Millionen, gibt es Grenzen für die kollektive Pflicht zur Aufnahme. Walzer erklärt ausdrücklich, daß er sich nicht in der Lage sieht, diese Grenzen näher zu bezeichnen (ebd., 91), zumal es Fälle gibt, in denen nur Gewaltanwendung gegen hilflose und verzweifelte Menschen diese daran hindern könnte, in einem Land, in dem sie unerwünscht sind, zu verbleiben oder dieses zu betreten. Dennoch besteht er darauf, daß gemeinsame Selbstbestimmung immer auch das Recht enthalten muß, einem solchen Strom Einhalt zu gebieten. Die Selbstbestimmung in diesem Bereich ist kein absolutes Recht, es unterliegt dem Prinzip der wechselseitigen Hilfeleistung auch unter Fremden (das ja auch im persönlichen Leben nicht bedeutet, daß man jemanden, den man hilflos auf der Straße findet, in seine Wohnung aufnehmen muß). Aber: »Zulassung und Ausschluß sind der Kern, das Herzstück von gemeinschaftlicher Eigenständigkeit. (...) Ohne sie gäbe es keine Gemeinschaften des Charakters, keine historisch stabilen, weitergehenden Assoziationen von Männern und Frauen, die sich einander besonders verpflichtet fühlen und die einen besonderen Sinn für ihr gemeinsames Leben haben.« (Ebd., 106)

Die Redeweise von den »Gemeinschaften des Charakters« übernimmt Walzer von dem österreichischen Sozialisten Otto Bauer, der aus den Erfahrungen des Habsburgerreiches Überlegungen zur Nationalstaatlichkeit entwickelt hatte, die auch angesichts der heutigen Probleme noch hilfreich sein können.

Der zweite Bereich, an dem sich Walzers Methode der Grenzziehung aus kritischer Interpretation darlegen läßt, ist das Geld, jene universale Kupplerin, wie Marx das mit Anklängen an Shakespeares Timon von Athen formulierte. Bei Shakespeare heißt es:

So viel hiervon macht schwarz weiß, häßlich schön;
Schlecht gut, alt jung, feig tapfer, niedrig edel. (...)
Ha! dies lockt ... den Priester vom Altar;
Reißt Halbgenes'nen weg das Schlummerkissen:
Ja, dieser rothe Sklave löst und bindet
Geweihte Bande; segnet den Verfluchten;
Er macht den Aussatz lieblich, ehrt den Dieb
und gibt ihm Rang, gebeugtes Knie und Einfluß. (Ebd., 150 f.)

In einer Gesellschaft der Gerechtigkeit kommt es darauf an, daß Geld nicht alles kaufen kann. Walzers Beispiel sind die militärischen Zwangseinberufungen der Nordstaaten im amerikanischen Bürgerkrieg des Jahres 1863. Es gab die Möglichkeit, sich mit 300 Dollar an einer Lotterie zu beteiligen, bei der das Los einen – ärmeren – Ersatzmann treffen konnte. Diese Regelung führte damals zu Empörung und blutigen Unruhen, vor allem in New York; sie wurde aber durchgesetzt. Später, etwa im Vietnamkrieg, fand man weniger auffällige Methoden, um die Reichen vom Wehrdienst zu befreien, z.B. durch die Rückstellung von Studenten und wohl auch durch die Akzeptierung von Gefälligkeitsgutachten, die Privatärzte erstellen durften. Offenbar entspricht es aber den weithin geteilten Auffassungen, daß es bei allgemeiner Wehrpflicht nicht richtig sei, nur arme Männer zu zwingen, ihr Leben im Krieg einzusetzen. Grundsätzlich wird deshalb das Prinzip der Gleichbehandlung anerkannt, auch wenn es sich gezeigt hat, daß es teilweise diskrete Methoden zur Umgehung gibt.

Es handelt sich hierbei um Grenzziehungen für den Einfluß des Geldes. Bestimmte Tauschgeschäfte müssen aus Gerechtigkeitserwägungen blockiert werden. Die »Bill of Rights« kann unter ökonomischen Gesichtspunkten sogar als Katalog bewußt blockierter Tauschgeschäfte interpretiert werden (ebd., 156 ff.). Walzer präsentiert eine Liste der Dinge, die nicht für Geld zu haben sein sollten:

»1. Menschen dürfen nicht ge- und verkauft werden (das Verbot der Sklaverei, aber auch des Verkaufs der eigenen Person).
2. Politische Macht und politischer Einfluß dürfen nicht gekauft und verkauft werden. Bestechung ist gesetzwidrig.
3. Strafjustiz und Rechtsprechung sind unverkäuflich.
4. Die Rede-, Presse-, Religions- und Versammlungsfreiheit sollen im Prinzip keine Geldzahlungen erforderlich machen. »Reden und Beten verursacht keine großen Kosten.« Eine andere Sache ist die Frage, wie man schnellen Zugang zu einem möglichst großen Zuhörerforum findet, das ist aber dann keine Frage der Grundfreiheiten mehr, sondern eine Frage des Einflusses und der Macht, und unterliegt insoweit noch anderen Gerechtigkeitsprinzipien.
5. Ehestands- und Zeugungsrechte sollen nicht käuflich sein.
6. Auch die Auswanderung, das Verlassen des eigenen Staates soll nicht von Geldzahlungen (wie es Nazideutschland, aber auch die Sowjetunion praktiziert haben) abhängig gemacht werden.

7. Freistellungen vom Militärdienst bei allgemeiner Wehrpflicht sollen nicht käuflich sein.
8. Politische Ämter sollen weder ge- noch verkauft werden – das ist das Verbot der Simonie, wie es bei mittelalterlichen Kirchenämtern hieß.
9. Jedem Bürger muß ein Minimum an elementaren Wohlfahrtsleistungen, an Schulbildung, an Grund- und Oberschulen und auch polizeilicher Schutz garantiert werden – Zahlungen sollen hier nur am Rande eine Rolle spielen. »Wenn Polizisten Ladenbesitzern Schutzgelder abnehmen, dann handeln sie wie Gangster und nicht wie Polizisten. Aber Ladenbesitzer können privat Sicherheitsbedienstete und Nachtwächter anheuern, um einen intensiveren Schutz zu haben, als die politische Gemeinschaft ihn zu finanzieren bereit ist. Ähnlich können Eltern private Hauslehrer für ihre Kinder engagieren oder diese auf Privatschulen schicken.«
10. Verzweifelte Tauschaktionen, Geschäfte des letzten Auswegs, sollten verboten sein. Die Minimalbasis wird vom Mindestlohn, von den Gesundheits- und Sicherheitsbestimmungen und etwa von der allgemeinen Arbeitszeit vorgegeben.
11. Preise und Ehrungen können nicht käuflich erworben werden, obwohl Geld bei der Erringung von Ansehen, Wertschätzung und Status eine entscheidende Rolle spielt.
12. Göttliche Gnade läßt sich nicht erkaufen – der Ablaßhandel wird eigentlich nirgendwo als gerechtfertigt akzeptiert.
13. Liebe und Freundschaft lassen sich nicht käuflich erwerben, »zumindest nicht nach unserem allgemeinen Verständnis davon, was sie bedeuten«. Allerdings kann man Kleidung, Autos und feine Restaurantbesuche für Geld haben, das sich damit mittelbar bei der Suche nach Liebespartnern und Freunden als hilfreich erweist.
14. Es gibt eine lange Liste von kriminellen Verkaufsaktivitäten, die streng verboten sind. »Die Killer GmbH etwa darf ihre Dienste nicht zum Verkauf anbieten; Erpressung ist rechtswidrig; Heroin darf genausowenig verkauft werden wie Diebesgut oder Güter mit irreführender Kennzeichnung; dies gilt für verdorbene Milch ebenso wie für Informationen, deren Weitergabe die Sicherheitsinteressen des Staates verletzen würde.« (Ebd., 157-161)

Diese Liste ist nach Walzers Meinung im Prinzip »umfassend«, auch wenn er die eine oder andere wichtige Kategorie vergessen haben sollte. Die ordnungsgemäße Geldsphäre dagegen umfaßt das gesamte Sortiment von Gütern, die rechtmäßig auf dem Markt sind. Ungleichverteilungen ergeben sich dann ganz selbstverständlich. Wenn die richtigen Blockierungsregeln aber funktionieren, dann besitzt die Ungleichheit nur eine eingeschränkte Bedeutung, und es gibt dann eigentlich zumindest im Konsumgüterbereich keine Fehlverteilung. »Vom Standpunkt der komplexen Gleichheit aus betrachtet, tut es nämlich nichts zur Sache, daß Sie eine Yacht besitzen und ich nicht, oder daß das Klangsystem meiner Hi-Fi-Anlage dem der Ihren erheblich überlegen ist, oder daß wir unsere Teppiche im Kaufhaus kaufen und Sie die Ihren im Orient. Die einen werden auf solche Dinge genauestens achten, die anderen nicht. Das ist eine Frage der Kultur und nicht der distributiven Gerechtigkeit. Solange Yachten und Hi-Fi-Anlagen und Teppiche nur einen Gebrauchswert plus einen individualistischen Symbolwert besitzen, macht ihre ungleiche Verteilung nichts aus.« (Ebd., 167)

Walzer wendet sich in diesem Punkt entschieden gegen Vorstellungen etwa des französischen Ökosozialisten André Gorz, der glaubt, man solle lieber kollektive Fernseher, Waschmaschinen und Transportmittel bevorzugen, auf jeden Fall aber all diese Fragen von den »vereinigten Produzenten« diskutieren und beantworten lassen. (Walzer 1992, 174 f.) Es ist gerade eine Entlastung der Gemeinschaft, wenn sie sich mit all diesen Fragen nicht befassen muß, wenn auch individuelle Wünsche zum Zuge kommen können, die in öffentlichen Gremien niemals Zustimmung finden würden. Walzer meint, »daß es der Demokratie keineswegs zuträglich wäre, wenn die Frage, welchen Waschmaschinen und Fernsehgeräten der Vorzug zu geben sei, im Parlament erörtert werden müßte. Wo sollte eine solche Diskussion ihr Ende finden? Gorz ist voller solcher Fragen wie: ›Was ist besser? Vier Paar kurzlebige Schuhe pro Person und Jahr oder ein Paar solide plus zwei Paar kurzlebige?‹« (ebd., 175). In Marktgesellschaften regeln sich solche Dinge wirklich von selbst und meist auch ohne Nachdenken.

Gorz hat nach Walzers Meinung allerdings recht mit seiner Forderung nach einem Forum, auf dem all das diskutiert werden kann, im Falle besonders wichtiger und die Allgemeinheit betreffender Güter, denn der Markt bietet ein solches Forum ja gerade nicht. Ein Beispiel wäre das Auto, »das wohl bedeutsamste aller modernen Güter«. Auch wenn Gorz als Altsozialist den Aspekt individueller Befreiung, den der Autoverkehr ermöglicht, überhaupt nicht wahrnimmt, so hat er doch recht, daß es die gesamte städtische Struktur verändert hat, Anstrengungen für öffentliche Verkehrssysteme durch seine überlegene Konkurrenz gefährdet und nachbarschaftliche Lebenswelten zerstört. Walzer sieht zwar, daß demokratische Öffentlichkeiten selbst bei Kenntnis aller Nachteile noch heute durchweg für das Auto votieren würden, aber es ist klar, daß die Frage der Subventionen für öffentliche Verkehrsmittel oder der Kosten des Straßenbaus eine politische und politisch zu entscheidende, keine reine Frage des Marktes ist (ebd., 177). Hier ist die Intervention der Politik in das freie Spiel der Marktkräfte durchaus erlaubt und erwünscht.

Als langjähriger und intensiver Beobachter aller Spielarten der Linken weiß er aber auch, daß im Zweifel eine Despotie des Geldes »weniger furchterregend (ist) als diejenigen Despotismen, die ihren Ursprung auf der anderen Seite der Geld-/Politikgrenze haben. Die Plutokratie ist ganz gewiß weniger angsteinflößend als der Totalitarismus, der Widerstand gegen sie weniger gefährlich. Der wichtigste Unterschied liegt darin, daß man Macht und Einfluß – genau wie Ämter, Bildung, Ansehen usw. – kaufen kann, ohne die verschiedenen Distributionssphären radikal gleichschalten und alternative Prozesse und Akteure ausschalten zu müssen. Geld korrumpiert zwar die Verteilungsmuster, es transformiert sie aber nicht«. All das bleibt für Walzer abzulehnen, andererseits aber würde ein »Feldzug gegen die Geldherrschaft, der den Wirkungs- und Geltungsbereich sozialer Güter und sozialer Sinngehalte nicht zu respektieren gewillt ist, (...) sehr schnell in eine Tyrannei einmünden« (ebd., 446 f.).

Daraus folgt, daß jeder politische Aktivismus schon bei der Entwicklung der eigenen Programmatik unbedingt die unterschiedlichen Sphären der Gerechtigkeit bedenken und respektieren muß, weil er andernfalls tendenziell totalitäre Züge in seinen Kampf einbauen würde. Er könnte nicht einmal überzeugend darauf verweisen, daß die andere Seite ebenso despotisch sei, denn hier herrscht offensichtlich eine Asymmetrie. »Gute Zäune garantieren gute Gesellschaften« (ebd., 449), politische Bewegungen, vor denen man sich nicht zu fürchten braucht, respektieren die freiheitsverbürgenden Grenzziehungen zwischen den Lebenswelten.

Diese Skizze der Bereiche Mitgliedschaft und Geld aus Walzers enzyklopädischem Werk über die Gerechtigkeitssphären kann nur einen ersten Eindruck seines Vorgehens geben. Andere Sphären, die er behandelt, sind Sicherheit und Wohlfahrt, der Zugang zu Beamtenstellen und Ämtern, harte Arbeit/Dreckarbeit, freie Zeit, Erziehung und Bildung, Verwandtschaft und Liebe, göttliche Gnade (hierhin gehört die Trennung von Kirche und Staat), der Kampf um Anerkennung und die politische Macht. Immer werden seine Argumentationen durch Geschichten und Beispiele illustriert, immer wird vom Konkreten und von konkreten Fragen her gedacht.

Seine Überlegung, die Grundlagen einer gerechten Ordnung seien immer schon enthalten in dem von uns geteilten Verständnis sozialer Güter (ebd., XIV), steht allerdings in einem merkwürdig ungeklärten Verhältnis zu jenen Teilen seiner Argumentation, in denen Gedanken eines demokratischen Sozialismus im Vordergrund stehen. Walzer befürwortet z.B. eine öffentliche Gesundheitsvorsorge mit Pflichtversicherung nach europäischem Modell. Die Situation war in den USA nach dem Stand vom März 1991 so, daß 17 % der amerikanischen Bevölkerung, also immerhin 35,7 Millionen Menschen, ohne Krankenversicherung waren. Ein geringer Teil war staatlich versichert, 73 % privat. Der größte Teil der Privatversicherten ist über den Arbeitgeber versichert und erleidet nach dem bisherigen Recht beim Berufswechsel Nachteile, z.B. weil ein neuer Versicherungsantrag gestellt wird, der viele vorherigen Risiken und Vorerkrankungen ausschließt. Eine Reform dieser Situation hat Bill Clinton im Wahlkampf propagiert und wird nach Umfragen vom Oktober 93 auch von 70 % der Amerikaner für erforderlich gehalten, auch wenn ungefähr die gleiche Anzahl mit der eigenen Krankenversicherung zufrieden ist. Man kann sich in dieser Situation fragen: Weshalb fangen die sich bevorzugt Fühlenden an, über jene 17 % Benachteiligten ernsthaft zu diskutieren, wohl wissend, daß jeder, wenn alle einbezogen werden, etwa 40 bis 50 Dollar im Monat zusätzlich für die Krankenversicherung wird bezahlen müssen – entweder direkt oder über neue Formen der Besteuerung?

Das ist wohl nur durch ein neues Bewußtsein für gemeinsame gesellschaftliche Aufgaben erklärbar. Das westdeutsche Vorbild, das Clinton aus eigener Anschauung kennt, hat in den Debatten über diese Frage durchaus eine Rolle gespielt. An diesem Punkt will offenbar die Mehrheit der amerikanischen Bevölkerung (bis weit in die Anhänger der republikanischen Partei hinein) eine Ausweitung des Sozialstaats. An einem Punkt wie diesem zeigt sich der Reformcharakter des kommunitarischen Denkens. Wären die Kommunitarier status-quo-Konservative, hätten sie argumentieren müssen: Die private Organisation der Gesundheitsfürsorge sei nun einmal so üblich und habe sich bewährt. Der Standardeinwand, das kommunitarische Denken sei konservativ, meint ja, daß Reformen, Weiterentwicklungen und Überschreitungen nicht aus den bisher schon vorhandenen, gemeinsamen und geteilten Werten begründet werden können. Herkömmliche Werte seien entweder konservativ oder leer. Das erscheint nur auf den ersten Blick plausibel, ist aber nicht schlüssig, denn er übersieht, daß Michael Walzer mit seiner Interpretation ja immer auf die Spannungen zwischen unseren geteilten moralischen Überzeugungen und der gesellschaftlichen Praxis zielt und aus diesen Spannungen seine Veränderungsvorschläge entwickelt. Er trägt die Gesellschaftsreform nicht als letztbegründete, wahre Forderung von außen an die gegenwärtige Situation heran, sondern geht von den inneren Spannungen und Problemen dieser Situation selbst aus. Seine Veränderungsvorschläge sind deshalb immer praktisch fundiert und verankert. Allerdings, ein schwaches normatives und universalistisches Moment, das er gegen existierende Praktiken richtet, enthält sein Denken immer. Es handelt sich aber um einen Normativismus und Universalismus, der wenigstens in Teilen schon vorhanden ist, der nicht konstruiert werden muß, sondern durch Interpretation, also auf reflexive Weise aus unseren Überzeugungen herausgearbeitet wird. Besonders interessant läßt sich das an Fragen der internationalen Politik beobachten, und dort besonders für den Bereich, in dem nach dem allgemeinen Bild des 20. Jahrhunderts überhaupt keine Regeln zu existieren scheinen, nämlich für den Bereich von Krieg und Frieden.

9. Das neue Stammeswesen und die gerechten Kriege: Internationale Politik in kommunitarischer Sicht

Die sogenannten »›Stämme‹ sind zurückgekehrt, und ihre Rückkehr nimmt dort die dramatischsten Züge an, wo sie am stärksten unterdrückt worden sind« (Walzer 1992a, 115). Männer und Frauen, die ihre lokalen, partikularistischen, ethnischen, religiösen und nationalen Identitäten geltend machen, hatten sich seit langem schon auf Korsika, im Baskenland oder auch in Schottland zu Wort gemeldet. Am massivsten und folgenschwersten geschieht das allerdings bei der Auflösung der multinationalen Staaten Osteuropas. Die Linke und die meisten nationalstaatlich orientierten Liberalen haben für die Stämme bis heute kein Verständnis entwickeln können – darin unterscheidet sich der Liberale Ralf Dahrendorf nicht von dem Sozialdemokraten Peter Glotz. Aus seiner kommunitarischen Sicht kann Michael Walzer hier wichtige Überlegungen beitragen.

Wie haben diese Gruppen ihren Zusammenhalt wahren können, während ihnen der Zugang zu Massenmedien und zum öffentlichen Schulwesen weitgehend oder vollkommen verschlossen war? »Ich stelle mir vor, daß zehntausende von alten Männern und Frauen mit ihren Enkeln heimlich redeten, Volks- und Wiegenlieder sangen und immer wieder die alten Geschichten erzählten. Dies ist in vielen Hinsichten ein ermutigendes Bild, denn es deutet darauf hin, daß der Totalitarismus unvermeidlich scheitern muß. Aber was sollen wir zu den Liedern und Gesängen sagen, die häufig ebenso vom

Haß auf die Nachbarvölker singen wie von der Hoffnung auf nationale Befreiung?« (Ebd., 115)

Ein Rückblick auf Europa ist hier durchaus nützlich. Letztlich waren es, um mit einem möglichst harmlosen Beispiel zu beginnen, die Trennung Schwedens von Dänemark, dann später die Norwegens von Schweden und Finnlands von Schweden und Rußland, die eine freiwillige – nicht imperiale – skandinavische Zusammenarbeit ermöglichten. Der »Geist der Demokratie machte schon in den frühesten Stadien deutlich, daß es mehr als einen demos gab« (ebd., 117), und daraus ergab sich für jeden, der demokratische Selbstbestimmung ernst nahm, notwendigerweise die Loslösung.

Das Problem beginnt dort, wo ethnische und religiöse Gruppen durcheinander siedeln, wo die Neugründung eines Staates plötzlich das Problem der Minderheiten in seinen neuen Grenzen erzeugt: der Serben in Kroatien, der Albaner in Serbien, der Armenier in Aserbeidschan, der Russen in den baltischen Ländern. »Es scheint keinen humanen und vernünftigen Weg zu geben, um die Gruppen zu entwirren, und gleichzeitig werden die Vermischungen als gefährlich empfunden – nicht nur für das persönliche Leben, was verständlich genug ist –, sondern auch für das gemeinschaftliche Wohl.« (Ebd., 118) Daher die Erfolge der Demagogen, Irredentisten, Kriegstreiber usw. »Daher der Drang der Linken, die sich ohnehin von partikularistischen Leidenschaften unangenehm berührt fühlt, an allen Einheiten, sofern sie existieren, festzuhalten und sie lebensfähig zu machen.« Am liebsten möchten viele Linke diese Völker zwingen, solange »mit demselben Löffel zu essen, bis sie des Streitens überdrüssig sind« – wie einst ein puritanischer Prediger scheidungswillige Ehepaare (ebd.). Die dazu erforderlichen Zwangsmaßnahmen aber können unter dem Aspekt der Gerechtigkeit heute nicht mehr als erlaubt gelten – allenfalls noch Diktatoren wie Tito oder Breschnew konnten sie durchsetzen.

Walzer sieht keine allgemeingültige und einheitliche Regel für die Formen und die erforderlichen Einschränkungen der Loslösungsprozesse, denn »natürliche« Einheiten gibt es im Grunde nicht, und auch die heute als relativ homogen geltenden Nationalstaaten sind durch Wandlungsprozesse entstandene Mischgebilde, selbst dann, wenn sie, wie Polen, Armenien und Japan an ihrer unverwechselbaren Identität keinerlei Zweifel haben.

Einen Rechtsanspruch von bedrohten Minderheiten, daß die Mehrheit in einem Staat ihr Überleben als kulturelle Gruppe sichern müsse, gibt es nach Walzer nicht, wohl aber einen Anspruch auf physische Unversehrtheit (ebd., 126). Den meisten kleineren Völkern kann ein minimaler Regionalismus, eine lokal begrenzte Autonomie gewiß helfen. Im übrigen schlägt Walzer vor, im Prinzip nicht etwa bestehende Unionen zu unterstützen, sondern »jede Unabhängigkeitserklärung zu befürworten, wenn sie von einer politischen Bewegung gefordert wird, und diese Bewegung, soweit man es feststellen kann, den Volkswillen repräsentiert. Laßt die Völker gehen, die gehen wollen. Viele von ihnen werden nicht allzu weit fortgehen. Und sollte sich herausstellen, daß ihr Auszug politisch und wirtschaftlich nachteilig ist, werden sie einen Weg finden, die Beziehungen wiederaufzunehmen.« (Ebd., 131)

Dieser Lösungsweg verhindert wenigstens in den Fällen, in denen die Territorien einigermaßen getrennt sind, gefährliche und potentiell blutige Auseinandersetzungen. Es ist der Weg, den Tschechen und Slowaken bei ihrer Trennung praktiziert haben. Man muß allerdings differenzieren und darf ein nur scheinbares oder unechtes Stammeswesen nicht akzeptieren, wie etwa bei der Abspaltung Katangas vom Kongo im Jahre 1960, die vorwiegend den Interessen einer ausländischen Bergwerksgesellschaft diente. Ähnliches wäre der Fall, wenn eine solche Abspaltung in erster Linie im Interesse eines Nachbarstaates liegt, der sein Territorium erweitern möchte. Auf diese Weise haben ja bekanntlich die Nationalsozialisten die deutsche Minderheit in der Tschechoslowakei benutzt, um diesen Staat zu zerschlagen. Internationaler Druck, Minderheitenrechte zu respektieren, und eine genaue Beachtung der jeweils konkreten Umstände sind deshalb nach Walzers Ansicht unverzichtbar, wenn man solche Konflikte von außen beurteilen und zu Wertungen und Handlungsvorschlägen kommen will. Weder die Linke in den westlichen Ländern noch deren Regierungen können die Regierungsform in den neugegründeten Staaten entscheidend beeinflussen. Sie können auch nicht dafür garantieren, daß dort liberale Demokratien errichtet werden, die ihren nationalen Minderheiten verfassungsmäßigen Schutz gewähren. Hier gibt es also kein kommunitarisches Patentrezept, obwohl die Grundrichtung der Antwort klar ist.

Der Versuch jedenfalls, unbeliebte oder radikal abgelehnte Großgebilde am Leben zu erhalten, führt durch die dabei angewandten Gewaltmittel oft genug dazu, die Kleingruppenidentitäten der ethnischen Minderheiten erst zu einer Massenerscheinung werden zu lassen. Wenn es anfangs einige Lehrer und örtliche Meinungsführer waren, denen sich bald die regionalen Honoratioren anschlossen sowie einige abenteuerlustige Nachwuchspolitiker, schließen sich ihnen die übrigen meist dann an, wenn sie spüren, daß die Zentrale ihre Gruppenidentität bekämpft. Viele entschiedene Zionisten und Befürworter der israelischen Politik kommen immer wieder auf dieses Thema zurück: Eigentlich seien sie Gegner des Nationalstaatsgedankens, aber der Antisemitismus habe sie gezwungen und zwinge sie noch, zum Schutz des jüdischen Volkes eben auch für einen ausreichend bewaffneten Nationalstaat einzutreten. Vor allem die jüngeren und neueren Nationalismen sind meist reaktive Nationalismen. Kann sich die eigene Gruppe ungehindert entfalten, ihre eigene autonome Republik oder gar ihren eigenen Nationalstaat gründen, dann besteht der Zwang zur Festlegung und Verteidigung nur einer einzigen Identität in erheblich geringerem Maße. Walzer gebraucht hierfür das Bild der Kleingruppenidentität eines Kirchsprengels:

»Wenn mein Parochialismus bedroht ist, dann fühle ich nur noch und zwar radikal parochial: als Serbe, als Pole, als Jude und als nichts anderes. Aber dies ist in der heutigen Welt eine künstliche Situation (und vielleicht war sie es auch in der Vergangenheit). Dem Selbst widerstrebt unter normalen Bedingungen eine Teilung nicht. Es kann sich zumindest aufteilen, und es gedeiht sogar dabei. Wenn ich mich sicher fühlen kann, werde ich eine komplexere Identität erwerben, als es der Gedanke des Partikularismus nahelegt. Ich werde mich selbst mit mehr als einer Gruppe identifizieren; ich werde Amerikaner, Jude, Ostküstenbewohner, Intellektueller und Professor sein. Man stelle sich eine ähnliche Vervielfältigung der Identitäten überall auf der Erde vor, und die Erde beginnt wie ein weniger gefährlicher Ort auszusehen. Wenn sich die Identitäten vervielfältigen, teilen sich die Leidenschaften.« (Ebd., 136)

Die Wurzeln von Walzers Position in diesen Fragen liegen weit zurück in den späten sechziger und frühen siebziger Jahren, als er Aktivist gegen den Vietnamkrieg war. Damals griff diese Bewegung, um ihre Entrüstung zum Ausdruck zu bringen, auf eine Reihe von Begriffen wie Aggression, Neutralität, Rechte der Kriegsgefangenen und der Zivilbevölkerung, Greueltaten und Kriegsverbrechen zurück, in denen eine lange Diskussionstradition steckte. Ihre eigene schulische und akademische Erziehung stand vielen dieser Aktivisten dabei im Wege, denn sie hatten gelernt, daß diese Begriffe verschwommen seien, keine objektive Bedeutung hätten und daß moralische Überlegungen ohnehin keinen Platz in der Wissenschaft oder in der Politik hätten. »In diesen Tagen der hitzigen Auseinandersetzung nahm ich mir fest vor, eines Tages den Versuch zu unternehmen, in aller Ruhe eine moralische Erörterung des Krieges in Angriff zu nehmen.« (Walzer 1982, 10) Diese Erörterung erschien 1977 unter dem Titel »Just and Unjust Wars – A Moral Argument with Historical Illustrations« (Gibt es den gerechten Krieg?, Stuttgart 1982). Schon in diesem Buch zeigt sich seine Methode, die Begriffe zu »erläutern, die wir in diesem Zusammenhang allgemein benutzen« (ebd., 12). Da es sich um ein typisches Buch der angewandten Ethik und nicht um eines über die

Grundlagen der Ethik selbst handelt, geht Walzer kasuistisch vor, d.h., er bezieht sich auf historische Fälle und interpretiert diese. Es schien ihm wichtig, anders als es damals vor allem in der sprachanalytischen Moralphilosophie mit ihren künstlich konstruierten lebensfremden Beispielen üblich war, authentische Erfahrungen zu schildern und solche Argumente darzulegen, die tatsächlich vorgebracht wurden (ebd., 16). Moraltheoretisch gesprochen handelt es sich zugleich um einen Härtetest für Argumente: »Denn Krieg ist die härteste Bewährungsprobe – wenn für diesen Bereich umfassende und in sich schlüssige moralische Urteile möglich sind, sind sie überall möglich.« (Ebd., 17)

Walzer operiert mit Differenzierungen, die von Anfang an klar machen, daß er zwar Gegner eines bestimmten Krieges, nicht aber radikaler Pazifist ist. Die Frage der Gerechtigkeit wurde schon im Mittelalter in zweifacher Weise gestellt, der Frage des *ius ad bellum*, des Rechts zum Kriege, und des *ius in bello,* der Gerechtigkeit im Krieg. Da beide Urteile logisch voneinander unabhängig sind, gibt es vier Möglichkeiten, davon zwei, die durchaus verwirrend sein können, denn ein gerechter Krieg kann ungerecht ausgetragen werden, und die Soldaten eines ungerechten Krieges können sich strikt an die Kriegsregeln halten (1982, 59). Walzer nennt das Beispiel des Generals Rommel, der Hitlers Kommandobefehl vom 28. Oktober 1942 mißachtete, wonach alle feindlichen Soldaten, die hinter den deutschen Linien angetroffen wurden, umgehend zu erschießen seien (ebd., 71 f.). Gerade in den USA wurde, auch von führenden Generälen, oft der gegenteilige Standpunkt vertreten: Wer in einem ungerechten Krieg auf der Seite der Ungerechten kämpft, kann prinzipiell nicht ehrenhaft handeln. So gesehen mußte jeder deutsche General im Zweiten Weltkrieg als Kriegsverbrecher gelten – und brutales Verhalten seitens der Gerechten erschien dann als gerechtfertigt. Als General Sherman vorgehalten wurde, sein Befehl, Atlanta niederzubrennen, sei grausam und nicht zu rechtfertigen, erklärte er, der Krieg sei nun einmal die Hölle, und im übrigen habe nicht er, sondern die Südstaaten das Land in diesen Krieg gestürzt (Walzer 1982, 63-65). Das *ius ad bellum* hatte er gewiß für sich, und das hat er argumentativ benutzt, um einen Verstoß gegen das *ius in bello* zu rechtfertigen. Sein Gedanke war: Gegen einen Gegner, der im Unrecht ist, muß jedes Mittel erlaubt sein – ein Argument, das wohl auch bei Präsident Trumans Einsatzbefehl für die Atombomben auf Hiroshima und Nagasaki im Spiel war. Das Verhältnis der beiden Rechtsgrundsätze zueinander ist bis heute nie wirklich geklärt worden – immer noch gibt es auch das Argument des preußischen Generalstabschefs Moltke aus dem Jahre 1880, als er gegen die Erklärung von St. Petersburg protestiert, gegen einen frühen Versuch also, Kriegsregeln zu kodifizieren: »Die größte Wohltat im Krieg ist die schnelle Beendigung des Krieges, und dazu müßten alle nicht gerade verwerflichen Mittel bereitstehen.« (Nach: Walzer 1982, 85) Dies war wohl die zweite Erwägung, die Truman 1945 geleitet hatte. »Der entscheidende Punkt ist in diesem Zusammenhang, daß es Regeln des Krieges gibt, während Regeln für Raub (oder Vergewaltigung oder Mord) nicht existieren.« (Ebd., 192) Die Lehre »Der Krieg ist die Hölle«, oder, in Trumans Worten, »daß der eigentliche Übeltäter der Krieg selbst ist« (nach: Walzer 1982, 378) führt zu der moralisch bequemen Konsequenz, daß dann eben alles erlaubt sei. Walzer setzt dagegen: »Die Qualen des Krieges sind nur dann unbegrenzt, wenn wir sie dazu machen, also nur dann, wenn wir – wie Truman es tat – die Grenzen überschreiten, die wir und andere gesetzt haben.« (Ebd., 379)

Die Aggression ist nach Walzer »das einzige Verbrechen, das Staaten gegenüber anderen Staaten begehen können; alles andere ist sozusagen nur ein Vergehen« (ebd., 89). Da es keine Polizisten gibt, die man rufen könnte, ist dieses Verbrechen sehr viel bedrohlicher als das Verbrechen in der häuslichen Gemeinschaft – die Staaten sind im Grunde auf sich selbst oder eben einer auf den anderen angewiesen. »Die polizeilichen Befugnisse sind auf alle Mitglieder verteilt, und diese Mitglieder tun bei der Ausübung ihrer Befugnisse nicht genug, wenn sie die Aggression nur eindämmen oder schnell beenden – als ob die Polizei einen Mörder anhalten würde, nachdem er ›nur‹ ein oder zwei Menschen umgebracht hat, und ihn dann laufen ließe.« (Ebd., 99) Die Rechte der Mitgliedsstaaten müssen also geschützt werden. »Wenn diese Rechte nicht (wenigstens von Zeit zu Zeit) aufrechterhalten werden, kollabiert die internationale Gesellschaft in einen Kriegszustand hinein oder wird zu einer weltweiten Tyrannei.« (Ebd.) Die Aggressionstheorie ermöglicht es also, die alte Theorie des gerechten Krieges neu und modern zu formulieren: Wenn eine Aggression vorliegt, ist der Widerstand berechtigt, und andere Staaten sind ebenfalls berechtigt, die Opfer der Aggression in ihrem Widerstand zu unterstützen, um erstens diese Aggression zurückzuweisen und zweitens zukünftige Aggressoren zu warnen (damit also auch im eigenen Interesse). Im Grunde handeln sie nicht anders als unverbundene, nicht staatlich organisierte Privatpersonen handeln müßten. Dies ist eine vollkommen andere Lehre als die Theorie der »Staatsräson«, die im 18. und 19. Jahrhundert dominierte. Damals wurde die Kriegführung als das natürliche Recht jedes souveränen Staates angesehen, das keinem rechtlichen und moralischen Urteil unterworfen sei, sondern nur den Kriterien von Erfolg und Mißerfolg (ebd., 105). Anhänger der Staatsräson wie Otto von Bismarck hielten es für hochgradig unpolitisch, wenn die öffentliche Meinung dazu tendierte, »politische Beziehungen und Ereignisse im Licht des Zivilrechts und der Privatpersonen im allgemeinen zu sehen« (nach: Walzer 1982, 106). Walzer hält genau dieses Verständnis der Privatpersonen für das tiefere Verständnis politischer Fragen. Für Bismarck waren die Menschen, die solche Fragen stellten, gewiß nichts als Schachfiguren auf dem Feld der Realpolitik. Für die öffentliche Meinung selbst dagegen steht die moralische Bedeutung des Tötens und Sterbens ganz selbstverständlich im Mittelpunkt der Wahrnehmung und des Interesses (ebd., 106). Aber auch für den Aggressor gelten die Kriegsregeln, oder anders ausgedrückt: »Soldaten, die für einen aggressiven Staat kämpfen, sind selbst keine Verbrecher; ihre Kriegsrechte sind also mit denen ihrer Gegner identisch.« (Ebd., 204) Umgekehrt darf eine Armee, die gerechterweise gegen eine Aggression kämpft, zwar in den Aggressorstaat einmarschieren, aber das Leben und die Freiheit der Zivilbevölkerung des Gegnerlandes keineswegs antasten. Entsprechend kommt Walzer zu dem Schluß, daß die Bombardierungen der deutschen Städte im Zweiten Weltkrieg allenfalls anfangs berechtigt gewesen sein mögen, etwa als Angriffe auf militärische Produktionsanlagen oder als Vergeltung für den deutschen Bombenangriff auf Coventry, spätestens aber 1942 nicht mehr zu begründen waren. Solange die Bomber die einzige Waffe des Westens waren und man glaubte, allein durch die Zerstörung der Städte Hitler aufhalten zu können, mag dies als letztes Mittel zu rechtfertigen gewesen sein. Anfang 1942 wurde aber ausdrücklich angeordnet, nicht mehr militärische oder industrielle Ziele zu bombardieren, sondern die Zielpunkte im bebauten Gelände zu suchen (Frankland 1970, 41), um die deutsche Zivilbevölkerung zu demoralisieren und viele darunter zu Obdachlosen zu machen (Walzer 1982, 364). »Der weitaus größte Teil der deutschen Zivilisten, die bei den Terrorbombardierungen ums Leben kamen, starb ohne moralischen (und wahrscheinlich auch ohne militärischen) Grund. (...) Die Luftangriffe wurden (...) fortgesetzt und gipfelten im Frühjahr 1945 – als der Krieg schon so gut wie gewonnen war – in einem grausamen Angriff auf Dresden, bei dem etwa hunderttausend Menschen starben.« (Ebd., 372)

Die Aggression ist ein eindeutiger Fall, der einen gerechten Krieg begründet. Wie steht es aber mit dem Präventivkrieg gegen eine Bedrohung? Frühneuzeitliche Theoretiker wie Francis Bacon waren geneigt, hier einen weiten Begriff gelten zu lassen. Ihm ging es darum, darüber zu wachen, daß keiner der Nachbarn zu groß wird, und wenn dies tatsächlich geschieht, eher früher als später zu den Waffen zu greifen, ohne auf den ersten Schlag zu warten (Bacon 1874, IXIV). Heute hält man allenfalls noch den israelisch-arabischen Sechstagekrieg von 1967 für einen berechtigten Präventivkrieg; vorausgegangen waren ihm ein ägyptischer Truppenaufmarsch, unmittelbar vorher abgeschlossene Beistandsverträge zwischen Ägypten, Jordanien, Syrien und Irak, die Ausweisung der UN-Friedenstruppen von der Sinai-Halbinsel und die Schließung der Meerenge von Tiran, die als internationaler Schiffahrtsweg anerkannt war, für israelische Schiffe. Im übrigen waren die westlichen Länder damals nicht gewillt und entschlossen, Ägypten wegen seiner Maßnahmen unter Druck zu setzen, so daß Israel auf sich allein gestellt war.

Die Lehre vom gerechten Krieg erreicht ihre äußerste Grenze dort, wo das Recht auf Selbstverteidigung gegen Aggression die Drohung mit Atomwaffen von uns zu fordern scheint, die das *ius in bello* wegen der damit verbundenen unverhältnismäßigen Verwüstungen eindeutig verbietet. Zu den bekannten Paradoxien der Abschreckungstheorie hat Walzer keine originellen Überlegungen beizutragen – dieser spektakuläre Punkt ist ja auch bis in alle Einzelheiten durchdiskutiert worden. Interessanter ist Walzers Argumentieren innerhalb der äußersten Grenzen, die durch die Nuklearwaffen gesetzt werden, d.h. sein Nachdenken über die Kriege, »die stattfinden können, werden, und vielleicht sogar sollten, auf die die alten Regeln volle Anwendung finden« (Walzer 1982, 402). Dies widerstreitet der pazifistischen Lehre, daß heute jeder Krieg unerträglich sei. Walzer diskutiert deshalb die Theorie des gewaltlosen Widerstands, des »Kriegs ohne Waffen«, und fragt, ob dies eine alternative Verteidigungsmöglichkeit gegen eine Aggression sein könne. Was würde passieren, wenn nach einem Überfall die Bewohner eines besetzten Landes zu Methoden des Ungehorsams, des passiven Widerstands, des Boykotts oder des Generalstreiks greifen würden? »Wenn der Angreifer (...) auf den Widerstand, der ihm entgegengesetzt wird, mit Sperrstunden, Geldbußen, Gefängnisstrafen und nichts anderem reagiert, stehen die Zeichen auf einen lange andauernden Konflikt, der für die Bürger sicherlich Entbehrungen und Schmerzen mit sich bringt, aber weitaus weniger zerstörerisch ist als selbst ein kurzer Krieg; und es besteht die Möglichkeit – so vermuten wir wenigstens –, daß die Zivilisten diese Auseinandersetzung gewinnen können.« (Ebd., 465) Diese Vorstellung hat etwas für sich, allerdings ist ein Erfolg für den Widerstand nur dann denkbar, wenn die Angreifer sich an die Kriegskonventionen und die Konventionen des Verhaltens gegenüber der Zivilbevölkerung gebunden fühlen. George Orwell hatte schon in seinen »Reflections on Gandhi« aus dem Jahre 1949 auf dieses Problem hingewiesen: »Es ist schwer zu sehen, wie Gandhis Methoden in einem Land angewendet werden könnten, in dem Gegner des Regimes mitten in der Nacht verschwinden und man nie wieder etwas von ihnen hört.« (Orwell 1984, 529) Wenn Soldaten eingesetzt werden können, um die Anführer des Widerstandes in Konzentrationslagern verschwinden zu lassen oder zu ermorden, wenn gefoltert werden kann oder große Menschengruppen deportiert und umgesiedelt werden können, scheitern die Methoden der Gewaltlosigkeit. »Der Erfolg des gewaltlosen Widerstands setzt voraus, daß die Soldaten (oder ihre Offiziere und die politisch Verantwortlichen) sich zu einem frühen Zeitpunkt – bevor die Ausdauer der Zivilisten erschöpft ist – weigern, eine terroristische Politik zu tragen oder auszuführen.« (Walzer 1982, 467) Wenn man nicht auf den Moralkodex beim Eroberer zählen kann – und wer hätte das gegenüber einem Hitler oder Stalin gekonnt? – dann ist »Gewaltlosigkeit entweder eine verkappte Form der Kapitulation oder ein Weg, nach der militärischen Niederlage ein Mindestmaß an Gemeinschaftswerten zu retten. Ich möchte die Bedeutung des letzteren Punktes nicht unterschätzen, (...) auch wenn dieser Wille nur flüchtig zum

Ausdruck kommt, wie in der Tschechoslowakei im Jahre 1968, wird man lange an ihn denken.« (Ebd., 468 f.) Auf jeden Fall hängt die gewaltlose Verteidigung von der Respektierung der Immunität der Nichtkämpfenden ab – auch deshalb steht in Walzers Buch das *ius in bello* im Vordergrund. Für ihn ist »die Beschränkung des Krieges als militärischer Auseinandersetzung eine Voraussetzung für dessen Umwandlung in einen politischen Konflikt (...). Wenn diese Umwandlung unser Ziel sein soll – und sie sollte es sein –, müssen wir sie damit beginnen, daß wir auf den Kriegsregeln bestehen und die Soldaten strikt an ihre Normen binden. Die Eindämmung des Krieges ist der Anfang des Friedens.« (Ebd., 470 f.)

Diese Theorie sucht also einen eigenen, originellen, aber dem Common sense verpflichteten Weg zwischen dem sogenannten machtpolitischen Realismus und dem Pazifismus. Der Golfkrieg zur Befreiung Kuwaits von der irakischen Besetzung im Jahre 1991 wurde von Walzer ganz zu recht als Testfall für seine 1977 veröffentlichte Konzeption begriffen. Die Gegner der amerikanischen, von der UNO unterstützten Intervention argumentierten meist, daß kein Krieg in der modernen Welt gerecht sein kann. Damit steckten sie tief in dem Problem, die Fähigkeit zur Unterscheidung verloren zu haben. Diejenigen Opponenten des Krieges, die als Alternative eine strikte Wirtschaftsblockade des Irak vorschlugen, haben nach Walzer nicht wahrgenommen, daß sie mit der Blockade, wenn sie denn tatsächlich wirkungsvoll sein sollte, eine der ältesten und grausamsten Methoden der Kriegsführung propagierten, nämlich die Belagerung. Diese trifft immer und in erster Linie die Zivilbevölkerung, da sich das Militär die vorhandenen Ressourcen, sei es an Lebensmitteln oder an Kleidung usw., immer vorbehält. Eine Blockade aber, die Medikamente und Lebensmittel durchgelassen hätte, wie es die Fairneß gegenüber der leidenden Zivilbevölkerung erfordert hätte, wäre kaum wirkungsvoll gewesen (Walzer 1991a, 3 f.).

Der Golfkrieg war deshalb nach Walzer von Anfang an gerechtfertigt, aber nur als begrenzter Krieg. »Diesen Krieg sollten amerikanische und europäische Linke kritisch unterstützen. Nicht bedingungslos unterstützen (es gibt keinen Krieg, der das verdient), denn wir müssen darauf achten, daß die Ziele und die Methoden dieses Krieges nicht eskalieren. Daß dieser Krieg gerecht bleibt, hängt von diesen beiden Faktoren ab; wie so häufig ist Gerechtigkeit auch in diesem Fall eine Frage der Grenzen.« (Walzer 1991d)

Daß es in jedem Krieg gemischte Motive gab und daß in diesem Fall das besondere Interesse an der Wiederherstellung der kuwaitischen Unabhängigkeit auch durch das Interesse an einer ungehinderten Ölversorgung bestimmt war, hält Walzer für eine Selbstverständlichkeit. Ein Problem würde daraus nur entstehen, wenn dadurch das Kriegsziel erweitert, der Krieg verlängert oder unverhältnismäßige Mittel angewandt würden. Das Vorhandensein eines solchen Motivs allein spielt aber keine Rolle (Walzer 1991a, 11). Vor allem ist es nicht sinnvoll zu argumentieren: Wir haben Tibet nicht retten können, nun müssen wir auch Kuwait im Stich lassen, um moralisch konsistent zu bleiben (ebd., 16). Eine derartige Intervention, sei es durch die UNO, sei es auf andere Weise, wird ohnehin immer nur dann zustande kommen, wenn genügend Staaten auch ihre eigenen Gründe haben, eine Aggression zu verurteilen und sich einer Abwehrkoalition anzuschließen. Ein Sozialkritiker sollte für eine konsistente Politik der Einhaltung und Durchsetzung moralischer Regeln – etwa des gerechten Krieges – eintreten, nicht aber für eine Konsistenz in der Aneinanderreihung von Unterlassungen oder Fehlern.

Die amerikanischen Bombenangriffe auf ausgewählte militärische Ziele im Irak entsprachen recht genau Walzers Lehre vom gerechten Krieg – die Angriffe allerdings auf die Strom- und Wasserversorgung der Städte sind seiner Meinung nach mit Angriffen auf die Lebensmittelversorgung zu vergleichen und deshalb abzulehnen. Selbst wenn das Ziel war, durch solche Maßnahmen indirekt die Regierung zu destabilisieren, das Volk etwa in den Aufstand zu treiben, war das eine Grausamkeit. Als die irakischen Truppen aus Kuwait flüchteten, wurden sie von amerikanischen Bombern aus der Luft angegriffen, bis das durch eine Anordnung des Präsidenten unterbunden wurde. Aus der Sicht des *ius in bello* waren diese Luftangriffe berechtigt, denn Soldaten auf der Flucht gelten, anders als solche, die sich ergeben, als berechtigte Ziele; diese wollten ja bald wieder kämpfen und haben es auch kurz darauf getan: gegen aufständische Bürger (ebd., 14).

Nach Walzers Meinung hat sich die amerikanische Linke genau wie die europäische in diesen Fragen heillos verheddert. Sie hat a priori, ohne Prüfung und ohne Prüfmethoden, ausgeschlossen, daß die Außenpolitik der USA im Recht sein und etwas Sinnvolles unternehmen könnte. Die Linke, die eigentlich die Chancen einer möglichen Verbesserung der internationalen Ordnung befürworten müßte, ist gelähmt und hängt zum Teil immer noch den Mythen und der Popularität Castros an, denen der PLO, des Vietcong oder der Sandinisten. In den sechziger und siebziger Jahren schienen hier die Kräfte der Befreiung für die Dritte Welt zu liegen. Das Gefühl wirkt bis heute nach, obwohl alle Grundlagen dafür zusammengebrochen sind. Die Vorstellung, daß die USA auch zu Übereinkünften mit arabischen Ländern gelangen könnten, daß man sich ernsthaft daranmachen muß, eine »neue Weltordnung« für die Zeit nach der Beendigung des Kalten Krieges auszuarbeiten, mußte dieses Denken vollkommen überraschen (Walzer 1991c). Genau dies aber, eine neue Weltordnung oder eine Art von Weltinnenpolitik ist inzwischen das, was auch in Deutschland von jenen Linken, die ihre intellektuelle Bewegungsfreiheit nicht verloren haben, immer ausführlicher diskutiert wird. Walzer war 1977 mit seinen Überlegungen zur Frage des gerechten und ungerechten Kriegs seiner Zeit ein ganzes Stück voraus. Diese Leistung hat er allein erbracht durch genaues Hinschauen und minutiöse Interpretation der vielen von ihm zusammengetragenen Einzelfälle unter Gesichtspunkten der Gerechtigkeit. Das kommunitarische Denken hat hier tatsächlich so etwas wie einen Test bestanden.

10. Schluß: Sind die Kommunitarier politische Romantiker?

Das kommunitarische Denken mit seiner Sehnsucht nach der Gemeinschaft, dem »longing for community«, trägt Züge politischer Romantik. Wenn man, wie es sich seit Carl Schmitts Studie aus dem Jahre 1919 eingebürgert hat (Schmitt 1984), sowohl einen basisdemokratischen Rousseauismus (wie ihn unter den Kommunitariern etwa Benjamin Barber vertritt) als auch die Orientierung an vorgegebenen, nicht bewußt konstruierten sozialen Ordnungsformen als Richtungen der politischen Romantik auffaßt, ist diese Charakteristik keineswegs abwegig. Allerdings ist mit dieser Begriffsverwendung noch nicht besonders viel ausgesagt, denn die Romantiker konnten im Reich ihrer intellektuellen Träume »von Anfang an« radikalisierte Subjektivität, »höchste Wertung der Persönlichkeit und Tendenz zur Gemeinschaft eng miteinander« verbinden (Kluckhohn 1925, 2). Eine nähere Klärung des Begriffs »Gemeinschaft« könnte hier nützlich sein.

Die akademischeren unter den kommunitarischen Autoren in den USA greifen ganz bewußt auf Ferdinand Tönnies' Gegenüberstellung von Gemeinschaft und Gesellschaft zurück und verwenden neben »community« durchaus auch den deutschen Begriff. Gemeinschaften waren für Tönnies Sozialformen wie Familie, Nachbarschaft und Freundschaft, die soziologisch an den Haushalt, das Dorf und die Stadt gebunden waren. Sie beruhen auf gemeinsamen, verbindenden

Gesinnungen und Sympathien. Gesellschaft dagegen ist ein Kreis von Menschen, die zwar friedlich nebeneinander leben und arbeiten, aber doch wesentlich getrennt sind (Tönnies 1987, zuerst: 1887). Während der Begriff bei uns durch die nationalsozialistische »Volksgemeinschaft« und die sozialistische »Menschengemeinschaft« Walter Ulbrichts weitgehend diskreditiert ist, kann das Wort »community« in den USA sehr viel unschuldiger benutzt werden. Und das mit Recht; denn im Unterschied zu der früheren Gemeinschaftsdiskussion in Deutschland findet in den USA die Debatte in einer im wesentlichen liberal geprägten Gesellschaft statt, hinter die auch kaum einer der Kommunitarier grundsätzlich zurück will. Was dort mit »community« bezeichnet wird, kommt Habermas' Begriff der »Lebenswelt« mit seiner Abwehr von Rationalisierung, Bürokratisierung und Monetarisierung sozialer Bezüge ziemlich nahe. Im deutschsprachigen Diskurs wird der Gemeinschaftsbegriff im wesentlichen zweiphasig verstanden. Die traditionellen Gemeinschaften zerfallen und werden durch moderne Gesellschaften ersetzt: »Gemeinschaft kann nur Gesellschaft werden, Gesellschaft geht immer aus Gemeinschaft hervor; nie ist der reale Prozeß umkehrbar.« (Freyer 1964, 182, zuerst: 1930) Anders als Hans Freyer, der bald nach dieser apodiktischen Feststellung eine nationalsozialistische »deutsche Soziologie« propagierte, haben eigentlich die meisten amerikanischen Sozialwissenschaftler ein deutliches Bild davon, daß auf den Gemeinschaftsverlust durchaus ohne Gewalt und Terror die Entstehung neuer Gemeinschaften folgen kann. Die Einwanderer aus den verlorenen europäischen Dorfgemeinschaften fanden sich in den USA zu neuen Gemeinschaftsformen zusammen. Wenn Soziologen heute über das Verschwinden der Kultur der Industriearbeiter aus der Zeit um die Jahrhundertwende forschen, dann analysieren sie ja die Auflösung einer Gemeinschaft, die erst im 19. Jahrhundert als Reaktion auf den Zerfall der ländlichen Dorfgemeinschaften entstanden war. Das Bild, das sich dann ergibt, ist also mindestens dreiphasig: Nach dem Zerfall herkömmlicher Gemeinschaften in die anonyme Gesellschaft können neue, andersartige Vergemeinschaftungsformen entstehen, deren Zerfall dann nach einiger Weile ebenfalls zu beklagen sein wird (vgl. Joas, 1992b).

Die Gesellschaft isolierter Individuen ist nicht die unausweichlich notwendige Lebensform der Moderne. Auch diese sozialgeschichtliche Erfahrung ist ein wesentliches Moment, das wenigstens teilweise zu erklären vermag, weshalb der Gemeinschaftsbegriff in den USA nicht so sehr belastet ist wie bei uns. Der Versuch allerdings, eine Gemeinschaft im nationalen, d.h. für den einzelnen nicht mehr recht überschaubaren Maßstab zu etablieren, wäre vermutlich in Europa wie den USA dazu verurteilt, in mindestens unehrliche, meist aber gefährliche und den einzelnen unterdrückende Ideologie auszuarten. Hier liegt das entscheidende Problem und wohl auch die größte Schwierigkeit kommunitarischen Denkens, das letztlich immer nur als korrigierende Minderheitsströmung eines mächtigeren liberalen und individualistischen Diskurses politisch erträglich ist. Wenn es jedoch selber dominant und politikprägend wird, dürfte es auch in einer liberalen Gesellschaft schnell repressive Züge bekommen.

Auch der Wunsch nach Etablierung neuer Gemeinschaften in einer ansonsten liberalen und individualistischen Gesellschaft könnte immer noch der Ausdruck verzweifelter Antirationalität sein. Die politische Romantik in Deutschland war verbunden mit einer Sehnsucht nach dem Mittelalter und einer ständestaatlichen und korporatistischen Organisation der Gesellschaft. Politische Romantik würde nach heutigen Maßstäben zum Beispiel vorliegen, wenn man fordern würde, die Anrechte auf die Verteilung öffentlicher Mittel an kleine soziale Gemeinschaften zu übertragen. Dann nämlich würde die individualistische Gesellschaft sich tatsächlich in eine Gruppenstruktur oder in einen Korporatismus hinein entwickeln. Der herkömmliche ständestaatliche Korporatismus des 19. und 20. Jahrhunderts hatte genau diesen Weg vorgeschlagen und war damit in vielen Punkten zum Vorbild für die Gesellschaftskonzeption des europäischen Faschimus geworden. An dieser interessanten Frage zeigt sich, wie sehr die modernen Kommunitarier, die in diesem Band behandelt wurden, innerhalb der gegenwärtigen liberalen Gesellschaftsstruktur argumentieren. Nicht einmal der gegenüber Othmar Spanns »Wahrem Staat« und Mussolinis »Stato Corporativo« außerordentlich gemäßigte sogenannte »Neokorporatismus«, der in den achtziger Jahren eine vorübergehende Konjunktur in der akademischen Politikwissenschaft erlebte, wurde von den Kommunitariern als ernsthafter Diskussionsbeitrag herangezogen.

Es ist von zentraler Bedeutung, ob Freiheitsrechte und soziale Verteilungsrechte jedem einzelnen oder aber bestimmten Gruppen garantiert werden. Wenn z.B. die Freiheit der öffentlichen Meinungsäußerung, des Zusammenschlusses, des Denkens und der Religionsausübung Korporationen statt Individuen zugebilligt würden, dann würden dadurch existierende Gemeinschaften geschützt vor anderen Gruppen oder vor staatlichen Einflüssen. Dagegen wäre die Gründung neuer Gruppen durch Individuen, die mit den vorherrschenden, ihrer Ansicht nach verknöcherten und erstarrten Gemeinschaftsformen unzufrieden sind, erheblich erschwert, wenn nicht unmöglich gemacht. Wer Veränderung will, muß in solchen Fällen die Korporationsstruktur aufbrechen. Befinden sich die Anrechte und Freiheitsrechte dagegen in der Verfügungsgewalt der Individuen, ist friedlicher Wandel eher möglich und wahrscheinlich. Gruppenrechte würden Hierarchien aufbauen und verstärken, individuelle Rechte dagegen sind im Kern antipaternalistisch und bieten am ehesten die Chance, hierarchische Verteilungsstrukturen zu verhindern.

Die Anführer von ethnischen Minderheitsgruppen haben immer wieder Gruppensonderrechte verlangt, die dann der internen Verteilung innerhalb der Gruppe überantwortet sein sollten. Statt einer demokratischen Gesellschaft der Gleichheit würde auf diese Weise eine ständestaatliche Privilegiengesellschaft entstehen, also eine Regression ins Mittelalter. Der Vorwurf der politischen Romantik gegen kommunitarische Denkansätze hat genau hier seinen Ursprung. Es dürfte deutlich geworden sein, daß ein derartiger Korporatismus bei den heutigen Kommunitariern keine Rolle spielt. So sehr sie sich vom radikalen Liberalismus der individuellen Selbstbereicherung unterscheiden – mit den modernen Wohlfahrtsstaatsliberalen herrscht letztlich weitgehende Übereinstimmung: Die Freiheits- und Verteilungsrechte bestehen gegenüber dem Staat, nicht gegenüber einzelnen Untergruppen. Er ist das, was John Dewey mit der »great community« meinte. So wichtig kleinere Einheiten für das Zusammenleben und auch für das öffentliche Leben sein mögen und so sehr sie aus diesem Grunde auch Förderung verdienen, in allen zentralen Bereichen von Rechten muß auch nach der Vorstellung eigentlich aller Kommunitarier Gleichheit auf dem gegenwärtig erreichten Stand der Universalisierung, also mindestens auf nationalstaatlichem Niveau angestrebt werden. Eine Gemeinschaft dieser Größenordnung aber trägt unvermeidlich Züge all dessen, was die Kommunitarier an der Gesellschaft kritisieren. Hier liegt ein Dilemma vor. Will man keine auseinanderstrebenden, mit unterschiedlichen Privilegien versehenen Sondergruppen, muß man für die Gemeinschaft einen möglichst großen Maßstab wählen und das Individuum direkt dieser Großorganisation gegenüberstellen. Die Fremdheit und Entfremdung, die dadurch entsteht, muß dann wieder durch kleinere Organisationsformen wie z.B. durch Zweck- und Gefühlsgemeinschaften nach der Art von Elterngruppen, Nachbarschaften, Familien und Vereinen zurückgedrängt werden. Wer solche Organisationsformen als ausschließlich schicksalhafte und unausweichliche Bindungen betrachtet, ist gewiß ein Sozialromantiker. Wenn aber nur gemeint ist, daß sie durch bewußtes Verhalten, also ein gewissermaßen reflexives Bekenntnis gefördert und aufrechterhalten werden sollen, dann können sie als Korrektiv in einer im übrigen liberal geprägten Gesellschaft angesehen werden. Die Prognose ist dann ziemlich einfach: Kommunitarische Kritik wird, in welcher Form auch immer, eine ständige Begleiterscheinung des modernen Liberalismus bleiben. (Walzer 1993, 157)

Es gibt noch einen weiteren Punkt, an dem das heutige kommunitarische Denken von der politischen Romantik abweicht; es ist nicht antikapitalistisch, sondern akzeptiert die liberale Wirtschaftsordnung weitgehend. Hier liegt eine wesentliche Differenz zur Position Adam Müllers oder Franz von Baaders, die neben Friedrich Schlegel, Novalis und Joseph Görres als die repräsentativen politischen Romantiker in Deutschland gelten können. Hier liegt auch eine Differenz zum Egalitarismus Rousseaus.

Einige Kommunitarier, vor allem Michael Walzer, wählen den Weg eines *kommunitarischen* oder *kontextualistischen Universalismus.* Für ihn gibt es kein gleichmäßiges und direkt allgemeingültiges Gerechtigkeitsprinzip (das wäre die simple Gleichheit, der Grundfehler des bisherigen Gleichheitsdenkens), sondern nur eine kontextgebundene komplexe Gleichheit. Die Verteilungsprinzipien müssen je nach gesellschaftlichem Bereich unterschiedlich ausgestaltet werden: soziale Sicherheit und Gesundheitsvorsorge nach dem *Bedürfnis,* von öffentlichen Ämtern nach dem *Verdienst,* von Geld und Einkommen über eine Grundversorgung hinaus nach den *Regeln des Marktes* usw. Das heißt, öffentliche Ämter und öffentliche Entscheidungen dürfen nicht verkauft werden, der Markt darf nicht Sphären wie die Familie und die Liebe dominieren, in denen andere Prinzipien angemessen sind. Eine derartige Vorstellung von Gerechtigkeit ist nicht bloß an Bräuchen und Üblichkeiten orientiert, sondern »fordert das Selbstverständnis einer gegebenen Gesellschaft heraus und vermittelt ein kritisches Urteil über ihre Institutionen«. In dieser und noch in einer anderen Hinsicht trägt sie verallgemeinernde Tendenzen in sich: Das Urteil

»drückt nicht die willkürlichen Vorlieben des Beobachters aus, sondern zielt auf eine Übereinstimmung, die die Grenzen des Hier und Jetzt überschreitet.« (Ferrara 1990, 20-22) Die Übereinstimmung wird wie beim ästhetischen Urteil nicht durch Deduktion aus einem verbindlichen Ausgangspunkt gewonnen, auch nicht wie bei Habermas durch den zwanglosen Zwang des besseren Arguments, sondern durch das reflektierte Zusammenleben in einer bestimmten Gesellschaft. Die Reflexion zielt immer schon auf eine gewisse Kohärenz, auf ein Zusammenstimmen des schon Bestehenden, auf den Versuch, es miteinander vereinbar zu machen. Der Vergleich mit dem ästhetischen Urteil macht deutlich, worum es geht. Eine verbindliche und begründete Einigung über kontroverse ästhetische Urteile zu einem bestimmten Kunstwerk ist genausowenig möglich wie die Verständigung auf ein einheitliches gesellschaftliches Verteilungsprinzip – weil die einzelnen Bedürfnisse mindestens so unterschiedlich sind wie die ästhetischen Urteile, mit denen sie übrigens auch sehr viel gemeinsam haben. Man kann sich allerdings darauf einigen, daß auch der andere jemand ist, der ästhetisch urteilt. Ebenso ist eine Einigung darauf möglich, innerhalb eines gesellschaftlichen Rahmens gewisse Sphären zu garantieren, in der die individuelle Entfaltung nach unterschiedlichen Prinzipien möglich ist. Die Verwandtschaft mit dem prozeduralen Universalismus von Habermas ist deutlich. Die Methode allerdings ist anders. Nicht durch Abstraktion von den Einzelfällen wird die Gemeinsamkeit gewonnen, sondern durch ihre *»dichte Beschreibung«* und hermeneutische Ausdeutung. Das Problem dieses Ansatzes liegt dort, wo der Kommunitarier es mit verbrecherischen Gemeinschaften zu tun bekommt, etwa mit einer Nazi-Gemeinschaft. Auch dort könnte er dann im Grunde nur eine Kritik »von innen« akzeptieren. Dieses Problem bleibt ungelöst. In diesem Punkt bleibt der kommunitarische Universalismus begrenzt auf die Tendenz zur Verallgemeinerung der westlichen Lebensform.

Die Erkenntnis, daß es eine Art von kommunitarischem Universalismus geben kann, ermöglicht komplexere Einordnungen als bei einer einfachen Gegenüberstellung von Liberalen und Kommunitariern. Auch bei einem eher traditionalistischen Kommunitarier wie Alasdair MacIntyre kann man sogar gegen seine Intention deutliche moderne Verallgemeinerungstendenzen beobachten. Er bietet eine völlig individualisierte und modernisierte Version von Aristoteles' *eudaimonia.* Das gute Leben ist für ihn das Leben, das in der Suche nach dem guten Leben verbracht wird – eine typische Auflösung eines einst substantialistisch gedachten Konzepts in eine formale Verfahrensweise. Kommunitarier und Liberale stehen nicht in einem ausschließlichen Gegensatz.

Zentralpunkt des kommunitarischen Denkens ist der Ausgang von konkreten Gemeinschaften und konkreten Formen der Vergemeinschaftung. Es geht um die Ausdehnung und Ausweitung schon vorhandener Gemeinschaften, nicht aber um die Lösung der Weltprobleme durch einen unmittelbar gedachten Universalismus.

Einer der Gründe dafür, warum die kommunitarischen Texte derzeit eine so intensive Aufnahme in Deutschland finden, könnte der folgende sein: Das linke Denken ist auf der Suche nach Neuorientierungen, nachdem die hegelmarxistische Geschichtsphilosophie mit dem Zusammenbruch des Sozialismus nicht mehr jenes theoretische Überlegenheitsgefühl verleihen kann, mit dem man bisher jeden Rückschlag in der Realität abzufedern gewohnt war. Kann der Kommunitarismus die Lücke des westlichen Marxismus füllen?

In den USA war dieses Problem nicht so massiv vorhanden. Die amerikanische Bürgerrechtsbewegung, die Studentenbewegung und die Vietnamkriegsgegner hatten sich nicht auf marxistische Gedankengänge gestützt. In einem Land, das aus einer Revolution hervorgegangen ist, kann die Rückbesinnung auf die eigene politische Tradition durchaus ein emanzipatorisches Handeln begründen. Das ist der Grund, warum Michael Walzers demokratischer Sozialismus und Benjamin Barbers basisdemokratischer Rousseauismus sich als genuine Fortsetzungen der amerikanischen Tradition fühlen können. »Das amerikanische Gemeinwesen wurde von Protestmenschen gegründet.« (Myrdal 1944, 14)

Daß eine Linke traditionalistisch argumentieren kann, ist übrigens auch in Europa so überraschend nicht. Man braucht nur einmal unvoreingenommen zu beobachten, mit welchem Stolz Gewerkschaften oder auch die einstigen Arbeiterparteien ihre über hundertjährige Tradition zu feiern pflegen und als Moment der eigenen Stabilität und Legitimität gegen alle Fährnisse der Gegenwart ins Feld zu führen wissen. Selbst Volksaufstände und Revolutionen haben sich, wenn man sie nicht mehr voreingenommen durch die Brille der Geschichtsphilosophie als Lokomotiven der Geschichte interpretiert, meist selbst legitimiert durch den Verweis auf alte Rechte, die verletzt worden seien, durch das Gefühl, es sei einem Unrecht geschehen, weil man aus alten Zusammenhängen herausgerissen wurde oder weil man gezwungen werden soll, seine bisherige Lebensweise zu ändern.

Trotzdem muß genau dieser Punkt in Europa und speziell in Deutschland etwas differenzierter betrachtet werden. Die Traditionen der Rechten sind durch den Nationalsozialismus und die Begeisterung großer Teile der deutschen Eliten (auch der Intellektuellen) für ihn gebrochen, die Traditionen der Linken sind ebenfalls überall dort zerbrochen, wo sie den Stalinismus gerechtfertigt, verschwiegen oder verdrängt hat. Wo die Brüche der Tradition so offenkundig sind wie in Deutschland, läßt sich mit Kontinuitätslinien nicht überzeugend operieren. An solchen Stellen sind dann doch Begründungen erforderlich, die in irgendeiner Form im Verallgemeinerbaren verankert werden müssen. Genau daher ist die Suche Karl-Otto Apels nach einer Letztbegründung für seine Ethikkonzeption zu verstehen. Seine Letztbegründung scheitert allerdings daran, daß die Berufung auf die notwendige Anerkennung des Anderen, die man immer schon vornehmen muß, wenn man mit ihm in eine Diskussion eintritt, nur dann gilt, *wenn man argumentieren will*, wenn man also rational sein will. Sie gilt also nicht voraussetzungslos, sondern nur in einer Kulturtradition, die sich schon zum argumentativen Umgang miteinander und damit zum Verzicht auf Gewalt und direkte Befehle entschlossen hat. Damit aber sind wir wieder bei einer Tradition. Wir kommen offenbar aus dem hermeneutischen Zirkel der Begründungsdiskurse nicht heraus.

Weil Apel im Grunde am gleichen Problem – wenn auch mit anderen Lösungsansätzen wie die Kommunitarier – arbeitet, stammt die wohl produktivste Auseinandersetzung mit ihren Theorien von ihm. Seine Lektüre der kommunitarischen Texte soll deshalb abschließend in ihren wesentlichen Punken dargestellt werden. Er hat als einziger der Frankfurter Philosophen sofort erkannt, daß zwischen seiner Diskursethik und dem kommunitarischen Denken eine grundlegende Gemeinsamkeit besteht. Apels Diskursethik geht bekanntlich vom Apriori der Kommunikations*gemeinschaft* aus. Damit ist einerseits ein faktisches Apriori im Sinne der philosophischen Hermeneutik Heideggers und Gadamers gemeint: Die partikulare und zufällige Gemeinschaft, in der wir kommunizieren, bildet die tatsächliche Voraussetzung dieser Kommunikation. Andererseits aber, und hier liegt die Differenz zum kommunitarischen Denken, meint Apel mehr, nämlich die prinzipielle Existenz einer Kommunikationsgemeinschaft als notwendiger Voraussetzung jeder Art von Kommunikation. Jegliche faktische Kommunikation würde ja, wie jede Vereinbarung unter zwei oder mehr Menschen, nur für die Betroffenen gelten und könnte von den übrigen als irrtümlich oder fehlerhaft erkannt werden. Wirklich verbindlich wäre nur eine universelle Kommunikation. Sie wäre so etwas wie eine von allen getroffene Vereinbarung. Da es aus der Geschichte hinreichend Beispiele auch noch für einen irrtümlichen *consensus catholicus*, für einen im Ergebnis völlig falschen allgemeinen Konsens gibt, müßte diese Gemeinschaft wenigstens der Idee nach auch noch in die Zukunft ausgedehnt werden. Charles Sanders Peirce, der Begründer des amerikanischen Pragmatismus und einer der Hauptanreger von Apels und Habermas' Diskursethik, hat deshalb die Idee der unbegrenzten Gemeinschaft aller Verstandeswesen entwickelt, der »indefinite community«. Wahr oder richtig wäre dann die »ultimate opinion« dieser Gemeinschaft: die letzte Meinung, zu der sie kommt.

Dieser Schritt über tatsächlich existierende Gemeinschaften hinaus ist der Schritt, der Apel letzten Endes dann doch von den kommunitarischen Positionen trennt. Zwischen Diskursethik und kommunitarischem Denken besteht also eine Verwandtschaft im Grundbegriff der Gemeinschaft und gleichzeitig eine Differenz darin, daß die Gemeinschaft bei Apel und Habermas mehr als nur partikular und faktisch ist: Sie ist zugleich transzendental gedacht, in sie ist der Bezug auf eine regulative Idee eingebaut. Unter dem Aspekt der politischen Romantik wäre Apel der konsequentere Romantiker, weil er an dieser Stelle die Unendlichkeit in den Blick bekommt, während die Kommunitarier demgegenüber als geradezu bodenständig und realistisch erscheinen.

Diese Überlegungen vorausgesetzt, kann Karl-Otto Apel wichtige kommunitarische Grundüberlegungen ein wenig näher in Augenschein nehmen. Der kommunitarischen Kritik am Hobbesschen Atomismus kann er nur zustimmen. Mit einer bloß strategischen Vernunft des Selbstinteresses läßt sich zwar der Abschluß eines Sozialvertrages begründen, nicht aber die Tatsache, daß dieser dann auch eingehalten wird. Vertragsehrlichkeit ist bei Hobbes wie bei F.A. von Hayek eine Funktionsvoraussetzung des Wirtschaftsliberalismus. Vom rationalen Eigeninteresse aus gesehen aber ist die Position des *free riders* die rationalste: nämlich davon auszugehen, daß die anderen den Vertrag einhalten, selber aber die parasitären Vorteile dessen in Anspruch zu nehmen, der nicht bezahlt. Empirische Studien zu diesem Thema haben übrigens ergeben, daß die einzige soziale Gruppe, die bei Umfragen ein solches Verhalten zugab und für sinnvoll hielt, Ökonomen waren, während alle anderen sich doch stärker Gemeinschaftswerten verpflichtet fühlten. (Maxwell/Ames 1981) Damit ist aber nicht bewiesen, daß die These falsch ist, Schwarzfahren sei, wenn man es selbst tut und nicht die anderen, das strategisch rationalste Verhalten, sondern nur, daß der Gemeinsinn eben doch stärker ausgeprägt ist und daß die Handlungsmotivationen der Bürger faktisch nicht – noch nicht oder jedenfalls nicht immer – vom rationalen Eigeninteresse dominiert werden.

Philosophisch gesehen folgt aus dieser Debatte, daß die radikale Reduktion menschlicher Motivation auf das rationale Eigeninteresse keine funktionierende Gesellschaft begründen kann. Daß das Selbstinteresse faktisch ohnehin nicht konsequent das Handeln bestimmt, wäre dann eine Erklärung dafür, wieso Gesellschaften trotzdem funktionieren können.

Die zweite wesentliche Liberalismuskritik, in der Gemeinsamkeiten zwischen Kommunitariern und Diskursethikern bestehen, ist die Kritik am Bild des autonomen Individuums. Kants Autonomiebegriff war gewiß nicht atomistisch gedacht – weil das autonome Individuum nicht von der Willkürfreiheit, sondern von der Vernunft bestimmt sein sollte. Bis dahin wäre eine Kritik nicht berechtigt. Aber »es fehlt bei Kant – ebenso in der theoretischen wie in der praktischen Philosophie – eine selbst noch transzendentalphilosophische Reflexion auf jene Bedingungen der Möglichkeit intersubjektiver Gültigkeit von Bedeutungs- und Regelverständnis, die erst durch Sprache und Kommunikation gewährleistet werden.« (Apel 1993, 155) Deshalb muß Kant dem autonomen Subjekt den guten Willen zutrauen bzw. zumuten, der doch in Wirklichkeit durch die Tradition der Kultur, des Sprachgebrauchs und damit letztlich der Gemeinschaft, der gelebten Moral und damit in gewissem Sinne auch die Tradition der konventionellen Normen erzeugt wird. Bei Kant war so etwas wie eine objektive Gegebenheit von geistigen Traditionen gar nicht vorgesehen. Dieser Gedanke, der den Kantischen Dualismus von Faktizität und Erkenntnis überwand, kam erst durch Hegel und seinen Begriff des »objektiven Geistes« in die Diskussion, der dann später die Begriffsgrundlage der verstehenden Geisteswissenschaften bei Dilthey ergab (ebd., 156 f.). Apel beharrt darauf, daß die Verbindlichkeit von Normen etc. nicht allein aus der Tradition, aber eben auch nicht allein aus der Autonomie des Individuums abgeleitet werden kann. Kants kleinere Schriften zur Politik, aber auch einige zentrale Überlegungen in der Kritik der Urteilskraft sowie in seiner Schrift über »Die Religion innerhalb der Grenzen der bloßen Vernunft« geben mit ihrer Verwendung von Begriffen wie »Gemeinschaft«, »Gemeinsinn« (*sensus communis)*, »Beistimmung der anderen« und »Öffentlichkeit« aber Hinweise, die eine transzendentalpragmatische Radikalisierung seiner Position im Sinne der Diskursethik sinnvoll erscheinen lassen (ebd., 158). Apels Grundidee ist die einer nichtpartikularen Gemeinschaft, nämlich die der unbegrenzten, idealen Kommunikationsgemeinschaft als regulativer Idee. »Eine solche Konzeption nun findet sich meines Wissens bei keinem der repräsentativen Vertreter des anglo-amerikanischen Kommunitarismus.« (Ebd., 159)

Die Grundschwäche kommunitarischen Denkens bleibt nach Apels Ansicht, daß es eine rationale Begründung von universal gültigen Normen wie z.B. von Menschenrechten nicht ermöglicht. Auch dann nicht, wenn man wie Charles Taylor (oder auch Michael Walzer) sich in die universalistische Tradition des Westens hineinstellt, allerdings mit kommunitarischen Argumenten. Der Gedanke, daß die besondere westliche Tradition, zu der die Kommunitarier sich bekennen, zugleich die Tradition der Allgemeinheit ist, selbst aber nicht mehr allgemein begründet werden kann, läuft für Apel auf den Versuch einer substantialistischen Synthese der Menschheitsgeschichte hinaus. Damit sei schon Hegel gescheitert, denn der Bezugspunkt ist dann immer nur die begrenzte faktisch bestehende Gemeinschaft mit allen ihren Schwächen und Fehlern, die sich aber absolut setzt und im Grunde auch eine privilegierte Aussichtsposition an irgendeinem Endpunkt der Geschichte annehmen muß.

Deshalb gibt sich Apel mit der kommunitarischen Botschaft, daß jedes Selbst in bestimmten kommunitären Bedingungen situiert sei, nicht zufrieden. Die persönliche Identität »kann nicht nur geschichtlich bedingt sein; sie muß vielmehr, zumindest auch (...) durch den Bezug des Subjekts der praktischen Vernunft auf die kontrafaktisch antizipierte ideale Kommunikationsgemeinschaft bestimmt sein« (Apel 1993, 162). Das ist nicht nur eine Frage der Moraltheorie, sondern vor allem der internationalen Politik. Apel kritisiert deshalb an den Kommunitariern, daß sie zwar einzelne Gemeinschaften und Staaten als Schicksalsgemeinschaften im Blick haben, nicht aber die internationalen Verflechtungen. »Dabei hatte doch schon Kant darauf hingewiesen, daß eine ideale republikanische Staatsordnung schwerlich in einem Land realisiert werden könne, d.h. unabhängig davon, daß gleichzeitig eine weltbürgerliche Rechtsordnung durch einen Staatenbund realisiert wird.« (Ebd., 163)

Dieser Schluß Apels vom Internationalen auf das Universale ist allerdings nicht zwingend. Auch internationale Konflikte können nach Regeln behandelt werden, die »sich ergeben haben«, die sich in bestimmten Traditionen als tragfähig erwiesen haben. Michael Walzer ist in seinem Buch über gerechte und ungerechte Kriege diesen kommunitarischen Weg gegangen: Er argumentiert kasuistisch, von den Einzelfällen her, er appelliert an Erfahrungen. Nach schwersten Konflikten befriedete und kooperierende Räume wie das moderne Westeuropa können Vorbilder abgeben. Es können gerade lokale Traditionen sein, denen andere sich dann anschließen. Auch internationale Politik läßt sich mit kommunitarischen Argumenten diskutieren. Erprobte und eingelebte Verfahrensweisen der Konfliktregelung scheinen sogar tragfähiger zu sein als abstrakte Prinzipien des Völkerrechts. Das, worauf zwei oder mehr Partner sich faktisch einigen können, kann dann als Lösung gelten, nicht aber ein Prinzip, das immer schon für alle gilt. In der Entwicklungspolitik hat in Deutschland übrigens Dieter Senghaas einen ganz ähnlichen Weg vorgeschlagen: »Von Europa lernen« (Senghaas 1982). In einer Hinsicht allerdings ist Apels universalistischer Einwand berechtigt: Mit einer solchen Denkweise läßt sich nicht kritisieren, wenn eine von mehreren Beteiligten gemeinsam gefundene Lösung auf Kosten anderer oder gar aller übrigen geht. Eine sich nach außen, besonders gegenüber den Entwicklungsländern abschottende Festung Europa wäre mit universalistischen Argumenten nicht zu rechtfertigen, wohl aber mit kommunitarischen Argumenten.

Trotzdem kommt Apel den Kommunitariern in einem entscheidenden Punkt sehr weit entgegen, und zwar deshalb, weil er sich durch das konsequente Weiterdenken seiner eigenen, nicht nur transzendentalen, sondern gleichzeitig hermeneutischen Position dazu gezwungen sieht. Der Ausgangspunkt der Diskursethik war die Doppelung einer idealen Kommunikationsgemeinschaft als regulative Idee und der Zugehörigkeit zu einer faktischen Kommunikationsgemeinschaft – die ebenso unausweichlich ist, weil man außerhalb einer solchen nicht als Mensch existieren kann. Insofern kann auch für Apel »ein endlicher Mensch – ein Mensch aus Fleisch und Blut und ein Mensch mit *Thymos* im Sinne Platons (und Fukuyamas) nicht ohne einen *Patriotismus* im Sinne Taylors, und d.h. nicht *nur* im Sinne eines international anschlußfähigen Verfassungspatriotismus, seine persönliche Identität gewinnen bzw. bewahren (...). Ich muß aber sogleich hinzufügen, daß der Verfassungspatriotismus als *der* spezifisch *postkonventionelle Patriotismus* (...) heute einen normativ-moralisch relevanten Vorrang einnehmen muß.« (Apel 1993, 66, Hervorhebungen von Apel)

Das gilt übrigens nicht nur für Apel, der sich von seiner individuellen Lebensgeschichte her immer als Patriot gefühlt hat, sondern auch für Jürgen Habermas, der gerade in seinen letzten Arbeiten deutlich erklärt hat: »Für diese Verwurzelung universaler Prinzipien braucht man immer eine *bestimmte* Identität.« (Habermas 1990, 152) Die Diskursethik bedarf einer Ergänzung durch ein Konzept des konkreten Lebens und des guten Lebens als Zielvorstellung. Aber, das stellen Apel wie Habermas immer wieder klar, der wichtige Unterschied zu allen kommunitarischen Positionen bleibt letztlich doch, daß sie allgemeinen Gerechtigkeitsprinzipien grundsätzlich den Vorrang einräumen vor allen konkreten Ansprüchen der Gemeinschaft.

Der Blick auf das kommunitarische Denken könnte uns lehren, unsere eigene Nachkriegsvergangenheit besser zu verstehen und vielleicht doch die Traditionslinien herauszuarbeiten, die nach dem Bruch wieder solide Haltepunkte angeboten haben. So sehr es eigene deutsche Verfassungstraditionen gibt, die westdeutsche Demokratie nach 1945 ist vom Bild westlicher Demokratien geprägt worden. Das begann im Bereich der Kommunalverwaltungen, die in den verschiedenen Besatzungszonen nach englischem und amerikanischem Modell (durchaus unterschiedlich) aufgebaut wurden, und setzte sich fort in den Bundesländern und deren föderalen Rechten, bis hin zur Institutionalisierung des Bundesverfassungsgerichts nach dem Vorbild des amerikanischen Supreme Court. Nach 1945 wurde die Suche nach einem deutschen Sonderweg zwischen Ost und West aufgegeben und mit großem Erfolg der direkte Anschluß an westliche Gesellschaftsformen gefunden. Der Traditionstypus westliche Demokratie ist in Deutschland durch eine bewußte Entscheidung eingeführt worden. Er hat seine eigenen Traditionen in der Erkämpfung der Freiheits- und Selbstbestimmungsrechte und in der großen politischen Philosophie seit Locke und Montesquieu. Gesellschaftlich ist es der Typus einer marktorientierten Wirtschaftsgesellschaft, der selbst einen so kritischen Theoretiker wie Jürgen Habermas zu der Äußerung brachte: »Heute leben wir glücklicherweise in westlichen Gesellschaften.« (Habermas 1986, 29) Diese direkte Anlehnung an den Westen sollte von der amerikanischen Besatzungspolitik durch die demokratische »Re-education« gefördert werden. Anfangs war sie in Deutschland auf nationalistische Ressentiments gestoßen, später wurde ihr Bild durch den Antiamerikanismus, der sich vor allem in der Folge des Vietnamkriegs herausgebildet hatte, ziemlich negativ gezeichnet. Vom Ergebnis her kann die Umerziehung eines ganzen Volkes, die Umstellung der Denkkategorien vom Eigenweg auf den westlichen Weg gewiß als gelungen betrachtet werden, es ist aber vollkommen offen, ob die alliierten Erziehungsbemühungen daran einen Anteil hatten oder nur überflüssiges bzw. sogar störendes Beiwerk waren. Das deutsche Beispiel ist umso interessanter, als hier ein aus angelsächsischer Sicht östliches Land erfolgreich demokratisiert werden konnte. Dieser Präzedenzfall könnte Auskunft geben über die weiteren Exportchancen des Modells westliche Demokratie in die übrigen, kulturell und politisch noch weiter östlich liegenden Länder.

Das, was nach Deutschland importiert wurde, war also nicht der liberale Universalismus, sondern das spezifische westliche Gesellschaftsmodell. Der kommunitarische Historismus ermöglicht die Selbstreflexion darauf, daß seine Antriebsmomente und sein Begründungskontext partikular und historisch zufällig sind, daß es aber das gemeinsame Projekt einer wachsenden Staatengruppe ist und insofern eine Tendenz zur Universalisierung in sich trägt. Diese Art von Universalismus wäre selbstreflexiv gebrochen und würde nicht mehr so unmittelbar und so rücksichtslos seine Vorgaben durchsetzen wie der noch naive Universalismus der Aufklärung.

Literatur

Soweit keine deutschen Angaben genannt werden, stammen Übersetzungen von Zitaten vom Verfasser. Vorliegende Übersetzungen wurden an einigen Stellen mit Blick auf die Originaltexte leicht verändert.

Altvater, Elmar: »Stammeswesen im globalen Dorf«. In: *Blätter für deutsche und internationale Politik*, 37. Jg. 1992, H. 5, 540-551.

Apel, Karl-Otto: »Kann der postkantische Standpunkt der Moralität noch einmal in substantielle Sittlichkeit aufgehoben werden?« In: Wolfgang Kuhlmann (Hg.): *Moralität und Sittlichkeit. Das Problem Hegels und die Diskursethik.* Frankfurt 1986. 217-264 (auch in: Karl-Otto Apel: *Diskurs und Verantwortung. Das Problem des Übergangs zur postkonventionellen Moral,* Frankfurt 1988, 103-153).

–: »Zurück zur Normalität? – Oder könnten wir aus der nationalen Katastrophe etwas Besonderes gelernt haben? Das Problem des (welt-)geschichtlichen Übergangs zur postkonventionellen Moral aus spezifisch deutscher Sicht«. In: ders., *Diskurs und Verantwortung. Das Problem des Übergangs zur postkonventionellen Moral,* Frankfurt 1988, 370-474.

–; Matthias Kettner (Hg.): *Zur Anwendung der Diskursethik in Politik, Recht und Wissenschaft,* Frankfurt 1992.

–: »Das Anliegen des anglo-amerikanischen ›Kommunitarismus‹ in der Sicht der Diskursethik. Worin liegen die ›kommunitären‹ Bedingungen der Möglichkeit einer postkonventionellen Identität der Vernunftperson?« In: Brumlik/Brunkhorst 1993, 149-172.

Bacon, Francis: *The Works of F.B.*, hg. von James Spedding u.a., London 1874.

Barber, Benjamin R.: *Strong Democracy. Participatory Politics for a New Age.* Berkeley, Los Angeles, London: University of California Press 1984.

–: *The Conquest of Politics, Liberal Philosophy in Democratic Times,* Princeton: Princeton University Press 1988.

–: »Liberal Democracy and the Costs of Consent«. In: Rosenblum 1989, 54-68.

Bell, Daniel: *Die kulturellen Widersprüche des Kapitalismus,* Frankfurt/New York: Campus 1991.

Bellah, Robert N.: »Zivilreligion in Amerika«. In: Kleger/Müller 1986a, 19-41 (zuerst als »Religion in America« in *Daedalus. Journal of the American Academy of Arts and Sciences,* Boston 1967).

–: »Religion und die Legitimation der amerikanischen Republik«. In: Kleger/Müller 1986b, 42-63 (zuerst in *Society,* Jg. 15 1978, Nr. 4, S. 16-23).

–: The Idea of Practices, in: Reynolds/Norman 1988.

–; Richard Madsen; William M. Sullivan; Anne Swidler; Steven M. Tipton: *Habits of the Heart. Individualism and Commitment in American Life,* New York: Harper and Row 1986 (zuerst Berkeley 1985); dt.: *Gewohnheiten des Herzens. Individualismus und Gemeinsinn in der amerikanischen Gesellschaft,* Köln 1987.

–; Richard Madsen; William Sullivan; Anne Swidler; Steven M. Tipton: *The Good Society,* New York: Alfred A. Knopf 1991.

–; Richard Madsen; William Sullivan; Anne Swidler; Steven M. Tipton: »Gegen die Tyrannei des Marktes«. In: Zahlmann 1992, 57-73.

Benhabib, Seyla: »Der verallgemeinerte und der konkrete Andere. Ansätze zu einer feministischen Moraltheorie«. In: Elisabeth List und Herlinde Studer, *Denkverhältnisse, Feminismus und Kritik,* Frankfurt 1989a, 454-487.

–: »Autonomy, Modernity, and Community. Communitarianism and Critical Social Theory in Dialogue«. In: Axel Honneth, Thomas McCarthy, Claus Offe, Albrecht Wellmer (Hg.), *Zwischenbetrachtungen. Im Prozeß der Aufklärung,* Frankfurt 1989b, 373-394.

–: *Kritik, Norm und Utopie. Die normativen Grundlagen der Kritischen Theorie,* Frankfurt 1992.

–: »Demokratie und Differenz. Betrachtungen über Rationalität, Demokratie und Postmoderne«. In: Brumlik/Brunkhorst 1993, 97-116.

Berlin, Isaiah: »Two Concepts of Liberty«. In: ders., *Four Essays on Liberty*, Oxford/New York: Oxford University Press 1989.

Bickel, Cornelius: »›Gemeinschaft‹ als kritischer Begriff bei Tönnies«. In: Schlüter/Clausen 1990, 17-46.

Bloom, Harold: *The American Religion. The Emergence of the Post-Christian-Nation*, New York 1992.

Brink, Bert van den: »Gerechtigkeit und Solidarität. Die Liberalismus-Kommunitarismus-Debatte in der politischen Philosophie«. In: *Transit. Europäische Revue*, Heft 5, Winter 1992/93, 51-73.

Brumlik, Micha: »Der ›Kommunitarismus‹. Letzten Endes eine empirische Frage?« In: Zahlmann 1992a, 94-101.

–: »Gleichheit und Bürgerstolz. Über Michael Walzers nachegalitäre Theorie der Gerechtigkeiten«. In: *Blätter für deutsche und internationale Politik*, 37. Jg. 1992b, H. 4, 482-490.

–; Hauke Brunkhorst (Hg.): *Gemeinschaft und Gerechtigkeit*, Frankfurt 1993.

Brunkhorst, Hauke: »Gesellschaftskritik von innen? Für einen ›covering law‹-Universalismus ohne Dogma«. In: Apel/Kettner 1992a, 149-167.

–: »Der Vorrang der Freiheit. John Rawls' Idee des politischen Liberalismus« (Rez.) In: *Die Zeit* Nr. 27, 26.6.1992b.

Buchstein, Hubertus; Rainer Schmalz-Bruns: »Gerechtigkeit als Demokratie. Zur politischen Philosophie von Michael Walzer«. In: *Politische Vierteljahresschrift*, 33. Jg. 1992, H. 3, 375-398.

Clausen, Lars; Carsten Schlüter (Hg.): *»Ausdauer, Geduld und ruhe«. Aspekte und Quellen der Tönnies-Forschung*, Hamburg 1991.

Cochran, Clarke E.: »The thin Theory of Community: The Communitarians and their Critics«. In: *Political Studies*, Bd. 32, 1989, 422-435.

Dahrendorf, Ralf: »Die Bürgergesellschaft«. In: ders., *Der moderne soziale Konflikt*, Stuttgart 1992, S. 67-73.

Decosse, David E. (Hg.): *But was it Just? Reflections on the Morality of the Persian Gulf War*, New York, London, Toronto, Sydney, Auckland 1991.

Dewey, John: »The Ethics of Democracy«. In: ders., *The Early Works*, 1888-1898, Bd. 1, London und Amsterdam 1969, 227-249.

–: *The Public and its Problems.* Athens/Ohio und Chicago: Swallow Press 1985 (zuerst 1927).

Ferrara, Alessandro: »Universalismus: Procedural, Contextualist, and Prudential.« In: David Rasmussen (Hg.): *Universlism vs. Communitarism. Contemporary Debates in Ethics*, Cambridge/Mass., London 1990, 11-38.

Fischer, Claude S.: »Ambivalent communities. How Americans Understand their Localities«. In: Alan Wolfe (Hg.), *America at Century's End*, Berkeley/Los Angeles/Oxford: University of California Press 1991, S. 79-92.

Frankland, Noble: *Bomber Offensive: The Devastation of Europe*, New York 1970.

Freyer, Hans: *Soziologie als Wirklichkeitswissenschaft*, Stuttgart 1964; zuerst Leipzig/Berlin 1930.

Gebhardt, Jürgen: *Die Krise des Amerikanismus. Revolutionäre Ordnung und gesellschaftliches Selbstverständnis in der amerikanischen Republik*, Stuttgart 1976.

–: »Amerikanismus. Politische Kultur und Zivilreligion in den USA«. In: *Aus Politik und Zeitgeschehen. Beilage zur Wochenzeitung »Das Parlament«*, 30.11.990, 3 ff.

Geertz, Clifford: *Dichte Beschreibung. Beiträge zum Verstehen kultureller Systeme*, Frankfurt 1983.

Gilligan, Carol: *Die Andere Stimme. Lebenskonflikte und Moral der Frau*, München/Zürich 1984.

Gutmann, Amy: »Die kommunitaristischen Kritiker des Liberalismus«. In: Honneth 1993a, 68-83.

Habermas, Jürgen: »Moralität und Sittlichkeit. Treffen Hegels Einwände gegen Kant auch auf die Diskursethik zu?«. In: Wolfgang Kuhlmann (Hg.): *Moralität und Sittlichkeit. Das Problem Hegels und die Diskursethik*, Frankfurt 1986.

–: *Die nachholende Revolution. Kleine Politische Schriften* VII, Frankfurt 1990.

Hastedt, Heiner: »Der »liberale Ironiker« (Rorty) nach dem »Verlust der Tugend« (MacIntyre). Zur Auseinandersetzung mit dem »Kommunitarismus« in der gegenwärtigen politischen Philosophie«. In: *Zeitschrift für Didaktik der Philosophie,* 13. Jg. 1991, 252-260.

Honneth, Axel: »Atomism and Ethical Life: On Hegel's Critique of the French Revolution«. In: David Rasmussen (Hg.): *Universalism vs. Communitarianism. Contemporary Debates in Ethics,* Cambridge/Mass. und London: The MIT Press 1990, 129-138.

–: »Grenzen des Liberalismus. Zur politisch-ethischen Diskussion um den Kommunitarismus«. In: *Philosophische Rundschau,* 38. Jg. 1991, H. 1-2, 83-102.

–: »Die Herausforderung des Kommunitarismus. Eine Nachbemerkung«. In: Zahlmann 1992a, 118-123.

–: »Individualisierung und Gemeinschaft«. In: Zahlmann 1992b, 16-23.

–; Joachim Volke; Peter-Erwin Jansen: »Gespräch über Michael Walzer. Die Versöhnung von Freiheit und Gleichheit«. In: *Die Neue Gesellschaft/Frankfurter Hefte,* 39. Jg. 1992c, H. 1, 16-26.

– (Hg.): *Kommunitarismus. Eine Debatte über die moralischen Grundlagen moderner Gesellschaften,* Frankfurt/New York 1993a.

–: »Posttraditionale Gemeinschaften. Ein konzeptueller Vorschlag«. In: Brumlik/Brunkhorst 1993b, 260-272.

Ilting, Karl-Heinz, »Der naturalistische Fehlschluß bei Kant«. In: Manfred Riedel (Hg.), *Rehabilitierung der praktischen Philosophie. Geschichte, Probleme, Aufgaben,* Freiburg i. Br. 1972, Bd. 1, S. 113-130.

Joas, Hans: »Amerikanischer Pragmatismus und deutsches Denken. Zur Geschichte eines Mißverständnisses«. In: ders., *Pragmatismus und Gesellschaftstheorie,* Frankfurt 1992a, 114-145.

–: »Gemeinschaft und Demokratie in den USA. Die vergessene Vorgeschichte der Kommunitarismus-Diskussion«. In: *Blätter für deutsche und internationale Politik,* H. 7, 1992b, 859-869.

Kallscheuer, Otto: »Helden sind die solidarischen Zweifler. Michael Walzer über Gesellschaftskritik im 20. Jahrhundert«. In: *Süddeutsche Zeitung* 8.6.1991.

–: »Gemeinsinn und Demokratie. Hinter dem Etikett ›Kommuni-

tarismus‹ verbirgt sich eine Debatte um das Selbstverständnis der USA«. In: Zahlmann 1992a, 109-118.
–: »Individuum, Gemeinschaft und die Seele Amerikas. Die christliche Republik«. In: *Transit. Europäische Revue,* Heft 5, Winter 1992/93b, 31-50.
–: »›Kommunitarismus‹ – Anregungen zum Weiterlesen. Eine subjektive Auswahl«. In: Zahlmann 1992c, 124-151.
Kant, Immanuel: *Metaphysik der Sitten. Einleitung in die Rechtslehre,* Hamburg 1966.
–: »Über den Gemeinspruch: das mag in der Theorie richtig sein, taugt aber nicht für die Praxis« (1793). In: ders., *Werke,* Akademie Textausgabe, Bd. VIII, Berlin 1968.
–: *Kritik der praktischen Vernunft,* hg. von Karl Vorländer, Hamburg 1974.
Kersting, Wolfang: »Verfassungspatriotismus, kommunitäre Demokratie und die politische Vereinigung der Deutschen«. In: Petra Braitling und Walter Reese-Schäfer (Hg.), *Universalismus, Nationalismus und die neue Einheit der Deutschen. Philosophen und die Politik,* Frankfurt 1991a, 143-167.
–: »Die Liberalismus-Kommunitarismus-Kontroverse in der amerikanischen politischen Philosophie«. In: *Politisches Denken, Jahrbuch* 1991b, Stuttgart 1992, 82-102.
–: »Liberalismus, Kommunitarismus, Republikanismus«. In: Apel/Kettner 1992a, 127-148.
–: »Sphärenharmonie. Gemütlich: Michael Walzer findet die Gerechtigkeit in der Höhle«. In: *FAZ* 17.11.1992b.
Kleger, Heinz; Alois Müller (Hg.): *Religion des Bürgers. Zivilreligion in Amerika und Europa.* München 1986.
Kluckhohn, Paul: *Persönlichkeit und Gemeinschaft. Studien zur Staatsauffassung der deutschen Romantik,* Halle/S. 1925.

Locke, John: *Zwei Abhandlungen über die Regierung,* hg. von W. Euchner, Frankfurt [4]1989.

MacIntyre, Alasdair: *A Short History of Ethics,* New York 1966; dt.: *Geschichte der Ethik im Überblick,* Frankfurt/M. 1991.
–: »The Claims of After Virtue«. In: *Analyse und Kritik,* Sonderheft, 6. Jg. 1984, Heft 1, 3-7.
–: *Der Verlust der Tugend. Zur moralischen Krise der Gegenwart*

(Originalausgabe: *After Virtue. A Study in Moral Theory,* 1981), Frankfurt/New York: Campus 1987.
–: *Whose Justice?, Whose Rationality?,* Notre Dame: University of Notre Dame Press 1988a.
–: *Three Rival Versions of Moral Enquiry. Encyclopaedia, Genealogy, and Tradition,* Notre Dame: University of Notre Dame Press 1990 (zuerst als Gifford Lectures an der University of Edinburgh 1988b).
–: »Ist Patriotismus eine Tugend?«. In: Honneth 1993a, 84-102.
Marwell, Gerald; Ruth E. Ames: »Economists free ride, does anyone else? Experiments on the provision of public goods«. *Journal of Public Economics* 15, 1981, 295-310.
Myrdal, Alva und Gunnar: *Kontakt mit Amerika,* Stockholm 1944.

Narr, Wolf-Dieter: »Die Kunst zahnloser Kritik. Nachbemerkungen zum Gespräch zwischen Chantal Mouffe und Michael Walzer«. In: *Prokla, Zeitschrift für kritische Sozialwissenschaft,* H. 87, 22. Jg. 1992, Nr. 2, 298-309.
Nozick, Robert: *Anarchy, State, and Utopia,* New York: Basic Books 1974.
–: *The examined Life. Philosophical Meditations,* New York 1989 (dt.: *Vom richtigen, guten und glücklichen Leben,* München/Wien 1991).
Nussbaum, Martha C.: *The fragility of goodness. Luck and ethics in Greek tragedy and philosophy,* Cambridge: Cambridge University Press 1986.
–: »Aristotelian Social Democracy«. In: Douglass et al. 1990, 203-252.
–: »Menschliches Tun und soziale Gerechtigkeit. Zur Verteidigung des aristotelischen Essentialismus«. In: Brumlik/Brunkhorst 1993, 323-363.

Orwell, George: »Reflections on Gandhi«. In: *Collected Essays, Journalism and Letters,* Vol. 4, Middlesex 1984, 523-530.

Plessner, Helmuth: »Grenzen der Gemeinschaft. Eine Kritik des sozialen Radikalismus«. In: ders., *Gesammelte Schriften Bd. V, Macht und menschliche Natur,* Frankfurt 1981 (zuerst Einzelausgabe Bonn 1924).
Pocock, John G.A.: *The Machiavellian Moment. Florentine Politi-*

cal Thought and the Atlantic Republican Tradition, Princeton/Oxford: Princeton University Press 1975.
–: *Die Andere Bürgergesellschaft. Zur Dialektik von Tugend und Korruption,* Frankfurt/New York, Paris 1993.

Rawls, John: *Eine Theorie der Gerechtigkeit,* Frankfurt 1979 (Originalausgabe: *A Theory of Justice,* 1971).
–: *Gerechtigkeit als Fairneß,* Freiburg/München 1977.
–: Die Idee des politischen Liberalismus, Aufsätze 1978-1989. Frankfurt 1992.
Reese-Schäfer, Walter: »Verfassunggebung aus gelebter Tradition. Lehren aus der Debatte zwischen Communitarians und Liberals in der amerikanischen politischen Philosophie«. In: Thomas Kreuder (Hg.), *Der orientierungslose Leviathan. Verfassungsdebatte, Funktion und Leistungsfähigkeit von Recht und Verfassung,* Marburg 1992, 42-52.
–: »Kommunitärer Gemeinsinn und liberale Demokratie«. In: *Gegenwartskunde,* 43. Jg. 1993, Heft 3, S. 305-317.
Rehberg, Karl-Siegbert: »Gemeinschaft und Gesellschaft – Tönnies und wir«. In: Brumlik/Brunkhorst 1993.
Reynolds, Charles H.; Ralph V. Norman (Hg.): *Community in America. The Challenge of Habits of the Heart,* Berkeley/Los Angeles/London: University of California Press 1988.
Rödel, Ulrich; Günter Frankenberg; Helmut Dubiel: *Die Demokratische Frage,* Frankfurt 1989.
Rorty, Richard: *Solidarität oder Objektivität? Drei philosophische Essays,* Stuttgart 1988.
–: *Kontingenz, Ironie und Solidarität,* Frankfurt 1989.
Rosenblum, Nancy L. (Hg.): *Liberalism and the Moral Life,* Cambridge/Mass., London: Harvard University Press 1989.
Rössler, Beate: »Gemeinschaft und Freiheit. Zum problematischen Verhältnis von Feminismus und Kommunitarismus«. In: Zahlmann 1992, 74-86.
Rousseau, Jean Jacques: *Der Gesellschaftsvertrag oder Die Grundsätze des Staatsrechts,* Stuttgart 1968.

Sandel, Michael J.: *Liberalism and the Limits of Justice,* Cambridge/Mass.: Cambridge University Press 1982.
–: »The Procedural Republic and the Unencumbered Self«. In: *Po-*

litical Theory, Jg. 12, H. 1, 1984a, 81-96 (dt.: »Die verfahrensrechtliche Republik und das ungebundene Selbst«. In: Honneth 1993, 18-35).
– (Hg.): *Liberalism and Its Critics,* Oxford: Basil Blackwell 1984b.
–: »Democrats and Community. A Public Philosophy for American Liberalism«. In: *The New Republic,* 22.2.1988, S. 20-23.
Scheer, Hermann: »Die andere Seite der Freiheit«. Vorwort zur dt. Ausg. von Robert N. Bellah u.a., *Gewohnheiten des Herzens. Individualismus und Gemeinsinn in der amerikanischen Gesellschaft,* Köln 1987, 7-21.
Schlüter, Carsten; Lars Clausen (Hg.): *Renaissance der Gemeinschaft? Stabile Theorie und neue Theoreme,* Berlin 1990.
Schmitt, Carl: *Politische Romantik,* Berlin 1984.
Senghaas, Dieter: *Von Europa lernen. Entwicklungsgeschichtliche Betrachtungen,* Frankfurt 1982.
Sennett, Richard: *Verfall und Ende des öffentlichen Lebens. Die Tyrannei der Intimität,* Frankfurt 1983.
Strasser, Johano: »Rückkehr zum Common Sense«. In: *Die Neue Gesellschaft/Frankfurter Hefte,* 32. Jg. 1991, H. 1, 26-31.
Szacky, Jerzy: »Aus einem fernen Land. Kommentar zu Charles Taylor«. In: *Transit,* Heft 5, Winter 1992/93.

Taylor, Charles: *Philosophy and the Human Sciences, Philosophical Papers 2.* Cambridge/Mass.: Cambridge University Press 1985a.
–: »Atomism«. In: ders. 1985b, 187-211.
–: »Die Motive einer Verfahrensethik«. In: Wolfgang Kuhlmann (Hg.): *Moralität und Sittlichkeit. Das Problem Hegels und die Diskursethik,* Frankfurt 1986, 101-135.
–: *Negative Freiheit? Zur Kritik des neuzeitlichen Individualismus,* Frankfurt 1988.
–: »Cross-Purposes: The Liberal-Communitarian Debate«. In: Rosenblum 1989, 159-182 (dt.: »Aneinander vorbei: Die Debatte zwischen Liberalismus und Kommunitarismus«. In: Honneth 1993, 103-130).
–: »Die Beschwörung der Civil Society«. In: Krzysztof Michalski (Hg.), *Europa und die Civil Society. Castegandolfo-Gespräche 1989,* Stuttgart 1991, 52-81.
–: »Wieviel Gemeinschaft braucht die Demokratie?« In: *Transit. Europäische Revue,* Heft 5, Winter 1992/93, 5-21.

–; Amy Gutmann; Steven C. Rockefeller; Michael Walzer; Susan Wolf: *Multiculturalism and »The Politics of Recognition«*. An Essay by Charles Taylor with Commentary by Amy Gutmann, Steven C. Rockefeller, Michael Walzer, Susan Wolf. Princeton: Princeton University Press 1992 (dt.: *Multikulturalismus und die Politik der Anerkennung*, Frankfurt 1993).

Tönnies, Ferdinand: *Gemeinschaft und Gesellschaft. Grundbegriffe der reinen Soziologie*, Darmstadt 2. Aufl. 1988 (zuerst 1887).

Tocqueville, Alexis de: *Über die Demokratie in Amerika*, München 1984.

Vorländer, Hans: »Auf der Suche nach den moralischen Ressourcen Amerikas. Republikanischer Revisionismus und liberale Tradition der USA«. In: *Neue Politische Literatur*, Jg. XXXIII, H. 2, 1988, 226-251.

Wallach, John R.: »Liberals, Communitarians, and the Tasks of *Political Theory«. Political Theory* Bd. 15, 1987, H. 4, 581-611.

Walzer, Michael: *Obligations. Essays on Disobedience, War, Citizenship*, Cambridge/Mass.: Harvard University Press 1970.

–: *Gibt es den gerechten Krieg?*, Stuttgart 1982 (zuerst als *Just and Unjust Wars, A Moral Argument with Historical Illustrations*, New York: Basic Books 1977).

–: *Exodus und Revolution*, Berlin 1988 (zuerst als *Exodus and Revolution*, New York: Basic Books 1985).

–: *Kritik und Gemeinsinn. Drei Wege der Gesellschaftskritik*. Berlin 1990a (zuerst als *Interpretation and Social Criticism*, Cambridge/Mass.: Harvard University Press 1987).

–: »Zwei Arten des Universalismus«. In: *Babylon. Beiträge zur jüdischen Gegenwart*, H. 7, 1990b, 7-25.

–: »Justice and Injustice in the Gulf War.« In: David E. Decosse (Hg.): *But Was it Just? Reflections on the Morality of the Persian Gulf War*, New York, London, Toronto, Sydney, Auckland: Doubleday 1991a, 1-18.

–: *Zweifel und Einmischung. Gesellschaftskritik im 20. Jahrhundert*, Frankfurt 1991b (zuerst als *The Company of Critics. Social Criticism and Political Commitment in the Twentieth Century*, New York: Basis Books 1988).

–: »Die konservative Linke«. In: *Die Tageszeitung*, 22.5.1991c.

–: »Irak ist nicht Vietnam«. In: *Die Tageszeitung*, 16.2.1991d.

–: *Sphären der Gerechtigkeit. Ein Plädoyer für Pluralität und Gleichheit*, Frankfurt/New York 1992 (zuerst als *Spheres of Justice. A Defense of Pluralism and Equality*, New York: Basic Books 1983).
–: *Zivile Gesellschaft und amerikanische Demokratie*, Berlin 1992a.
–: »Das neue Stammeswesen. Erörterungen über das Zusammenleben der Völker«. In: *Lettre International*, H. 16, 1992b, 8-11.
–: »Die kommunitaristische Kritik am Liberalismus«. In: Honneth 1993, 157-180.
Wellmer, Albrecht: »Bedingungen einer demokratischen Kultur. Zur Debatte zwischen Liberalen und Kommunitaristen«. In: Brumlik/Brunkhorst 1993, 173-198.

Zahlmann, Christel (Hg.): *Kommunitarismus in der Diskussion. Eine streitbare Einführung*, Berlin 1992.

Kurzbiographien

Die wichtigsten Kommunitarier und ihre Kritiker

Benjamin Barber, geboren 1939, Professor für Politikwissenschaft an der Rutgers University in New Brunswick, Direktor des basisdemokratisch ausgerichteten Walt Whitman Center for the Culture and Politics of Democracy. »Strong Democracy« ist sein wichtigstes Werk.

Robert N. Bellah, Professor für Soziologie an der University of California in Berkeley. Die Hauptwerke, »Habits of the Heart« (1985) und »The good Society« (1991) hat er in Teamarbeit mit Ann Swidler (ebenfalls Berkeley, vorher Stanfort University), Richard Madsen (Associate Professor of Sociology, University of California, San Diego), William M. Sullivan (LaSalle University, Philadelphia), und Steven M. Tipton (Chandler School of Theology, Emory University) verfaßt.

Seyla Benhabib, geb. 1950 in der Türkei, Professorin für Philosophie und Politikwissenschaft an der New School for Social Research in New York. Bücher: »Selbst und Kontext. Geschlecht, Gemeinschaft und Postmodernismus in der zeitgenössischen Ethik«, 1992; »Kritik, Norm und Utopie. Die normativen Grundlagen der kritischen Theorie«, 1986; dt. 1992.

Amitai Etzioni, geb. 1929 in Köln unter den Namen Werner Falk. 1936 Flucht nach Palästina, Studium an der Hebräischen Universität in Jerusalem, später in Berkeley. Seit 1963 amerikanischer Staatsbürger. Professor an der George Washington Universität, Hg. der Zeitschrift »The Responsive community«. Hauptwerke: »Die aktive Gesellschaft« (1975), »The Moral Dimension. Toward a New Economics«, 1988.

Amy Gutmann, Professorin für Politik an der Princeton Universität, Bücher: »Democratic Education« (1987), »Liberal Equality« (1980).

Alasdair MacIntyre, 1929 in Irland geboren, Studium in London und Manchester, zunächst Lecturer für Philosophie und Religionsphilosophie, dann Professor für Soziologie in Manchester, Leeds, Oxford und Essex. 1970 Auswanderung in die USA. Bis 1972 Professor für Ideengeschichte an der Brandeis University, später in Boston, von 1980-82 Professor am Wellesley College, dann an der Vanderbilt University. Seit 1988 Professor für Philosophie an der Universität von Notre Dame, Indiana.

Robert Nozick, geb. 1937, lehrt Philosophie an der Harvard Universität. Wichtigste Veröffentlichungen: »Anarchy, State and Utopia« (1975), »The Examined Life« (1989), dt. »Vom richtigen, guten und glücklichen Leben«.

Martha Nussbaum, derzeit Professorin für Philosophie, Klassische Philologie und Vergleichende Literaturwissenschaft an der Brown Universität, Providence. Vorher UNO-Forschungsberaterin für Entwicklungsökonomie in Helsinki.

John Rawls, geboren 1921 in Baltimore. 1950 Promotion in Princeton, war von 1952 bis 1959 Assistant and Associate Professor für Philosophie an der Cornell University, danach Professor für Philosophie am Massachusetts Institute of Technology. 1962 Professor für Philosophie an der Harvard University. Sein Hauptwerk, »Eine Theorie der Gerechtigkeit«, das zuerst 1971 erschien, ist zugleich die bedeutendste Arbeit sozialliberaler politischer Theorie in diesem Jahrhundert.

Richard Rorty, geboren 1931 in New York, Studium in Chicago und Yale, 1962 bis 1982 zunächst Assistent, dann Professor in Princeton, seitdem Professor of Humanities an der University of Virgina in Charlottesville. Werke: »Der Spiegel der Natur« (1979) »Kontingenz, Ironie und Solidarität« (1989).

Michael Sandel, ist Associate Professor of Government an der Harvard University und lehrt dort politische Philosophie.

Charles Taylor, geboren 1931 in Kanada. Studium der Geschichte, Philosophie und politischen Wissenschaft in Montreal und Oxford. Professor für soziale und politische Theorie in Oxford, dort innerhalb der neuen Linken Kooperation mit Doris Lessing, Edward P. Thompson und Stuart Hall in der Redaktion von »Universities and the New Left«, die später zum »New Left Review« wurde. Für ihn ist der hermeneutische Ausgangspunkt entscheidend: Der Mensch ist das »sich selbst interpretierende Lebewesen«. Zur Zeit Professor für Philosophie und Politikwissenschaft an der McGill University in Montreal. Er ist politisch aktiv und war Kandidat auf der Liste der gemäßigt sozialistischen New Democratic Party für das kanadische Bundesparlament. Mitglied des Conseil de la Langue Française in Quebec.

Michael Walzer, geboren 1937 in New York. Nach Lehrtätigkeiten in Princeton und Harvard seit 1980 Professor für Politikwissenschaft am Institute for Advanced Studies (School of Social Science) an der Princeton University, New Jersey. Herausgeber der Zeitschrift »Dissent« (dem Blatt der amerikanischen demokratischen Sozialisten), Mitherausgeber von »Philosophy and Public Affairs«, »Political Theory« und »The New Republic« (den drei Hauptblättern der kommunitarischen Diskussion). Mitglied des American Jewish Congress.

2,-€

Reihe Campus Einführungen

Ulrich Charpa
Aristoteles
148 Seiten

Norbert Bolz, Willem van Reijen
Walter Benjamin
144 Seiten

Hans Heinz Holz
Descartes
162 Seiten

Ulrich Charpa, Armin Grunwald
Albert Einstein
160 Seiten

Walter Reese-Schäfer
Jürgen Habermas
144 Seiten

Peter Cardorff
Martin Heidegger
174 Seiten

Herfried Münkler
Thomas Hobbes
197 Seiten

Gilles Deleuze
David Hume
220 Seiten

Martin Konitzer
Ernst Jünger
136 Seiten

Günter Schulte
Immanuel Kant
178 Seiten

Hans Heinz Holz
Gottfried Wilhelm Leibniz
165 Seiten

Arie de Ruijter
Claude Lévi-Strauss
146 Seiten

Martin Suhr
Platon
174 Seiten

Jürgen August Alt
Karl R. Popper
148 Seiten

Ludwig Nagl
Charles Sanders Peirce
197 Seiten

Walter Reese-Schäfer
Richard Rorty
150 Seiten